マイ・ワースト・ゲーム

一度きりの人生を輝かせるヒント

国枝慎吾
Shingo Kunieda
国枝慎吾 稲垣康介［著］

MY WORST GAME

朝日新聞出版

はじめに　「最悪のゲーム」でもへこたれない　――　稲垣康介

この本のタイトル、「マイ・ワースト・ゲーム」が最初に目に留まったとき、違和感を覚えた読者がおそらくいるだろう。むしろ、たくさんいる、かもしれない。

「オレは最強だ！」

国枝慎吾をある程度知っている人にとって、すぐに浮かぶキャッチフレーズだ。

パラリンピックの車いすテニス、男子シングルスで三つの金メダルを持ち、４大大会のシングルス優勝は28回、ダブルスもあわせれば50回。世界ランキング１位で現役を引退する悔いなきテニス人生を全うした先に、国民栄誉賞が待っていた。

そんなアスリートの輝かしいキャリアをたどるなら、対極ともいえる「マイ・ベスト・メモリーズ」が一見、ふさわしい気もする。

私は２００４年のアテネ・パラリンピックをはじめ、国枝の節目の栄冠を長年、現場で取材してきた。「絶対王者」としての連戦連勝の回顧録にすることもできた。

ただ、この本を書くために、改めて国枝に話を聞き、周りで支えてきた人たちの証言を集めるうちに、光と影のまぶしい面ばかりに焦点を当てるのでは、全体像を見誤る気がした。

テニスは1セット6ゲーム先取の戦いだ。

車いすテニスの場合、2セットを奪わないと、勝利はつかめない。「世界最速」を決める陸上の100メートルのように、スタートで大きく出遅れたら命取りの一発勝負の世界とは違う。先に1ゲーム、いや、大げさに言えば、5ゲーム連続で失って0－5となっても、投げ出すのは早い。**「最悪のゲーム（マイ・ワースト・ゲーム）」**で窮地に追い込まれても、そこから巻き返せばセットを取れる。あきらめずに攻略の糸口を探り、挑み続ければ、逆転勝利を引き寄せることができる。

やり直しがきく。

その教えはテニスだけでなく、人生の向き合い方にも通じる。

国枝は9歳の春、腰が痛くなり、歩けなくなった。

致死率が高いめずらしいタイプのがんだった。車いす生活になるハンディを背負った。

そこからテニスに出会い、その魅力に引き込まれていく。ニュースや新聞で結果だけを追っていた人からすると、「常勝」のイメージが強いかもしれないが、一つひとつの試合を切り取れば、奇跡的な逆転勝利がいくつもある。

現役最後の4大大会優勝となった2022年のウィンブルドン選手権。国枝は、宿敵アルフィー・ヒューエット（英国）との決勝で、あと2ポイント失えば負けが決まってしまう絶体絶命のピンチが2回あった。その瀬戸際を脱し、パラリンピックと4大大会のすべてで優勝する「生涯ゴールデンスラム」の金字塔を打ち立てた。

ピンチはそれだけではない。国枝の右ひじは、パラリンピックイヤーが巡ってくると、なぜか悲鳴を上げた。コロナ禍で東京大会は異例の1年延期に。引退を覚悟した局面は一度ならず訪れた。あきらめかけたことがあった。

国枝自身が**「マイ・ワースト・デイズ（最悪の日々）」**と振り返るのが、2016年のリオデジャネイロ・パラリンピックに至るけがとの戦い、そしてシングルス3連覇を絶たれた挫折だった。復活への道のりは険しかった。自分を疑いかけた時期もあった。

しかし、長いキャリアを振り返れば、「最悪の日々」こそが、生まれ変わるチャンスになった。「絶対王者」の称号を奪われたことで、完全なる挑戦者になれた。新しい自分に生まれ変わるきっかけになった。

いつも明るく、快活。笑顔が似合うナイスガイ。

それは、私のようなスポーツ記者には現役時代、決して弱音を漏らさなかった国枝の表の顔で、その舞台裏では、孤独や葛藤と向き合っていた。

壁にぶつかったときに、背中を押してくれる人たちがいた。国枝自身、活路を見いだすために考え、実行する行動力を持ち合わせていた。

この本を書き進めていくうちに、彼の人生のターニングポイントで巡ってくる縁、運の不思議さを感じることが多かった。

そうした縁や運をたぐり寄せるために、まず一歩を踏み出す。

チャレンジしてみる。やるべきことを愚直にし続ける。

「マイ・ワースト・ゲーム」から目を背けず、逃げ出さない。

ピンチをチャンスに変える胆力があるか、ないか。

誰にでも当てはまる人生の扉を開くヒントを、国枝慎吾は教えてくれる。

目次

国枝慎吾　マイ・ワースト・ゲーム――一度きりの人生を輝かせるヒント

はじめに　「最悪のゲーム」でもへこたれない――稲垣康介　1

第1章　2度の引退危機

妻にしか話せなかった選手生命のピンチ　12
消えなかったひじの痛み　16
ラケットを握れない日々　20
信じた最後の奇跡　26
挫折と若手の台頭　33
ダークなエネルギー　36
人生の扉を開いたアテネの金　40

第2章 「絶対王者」への軌跡

「オレは最強だ！」誕生の舞台裏 48
恥を捨てた絶叫 52
技術の礎となった3万球理論 57
「テニスがつまらない」 61
金メダルでつかんだ契約 66
日記に残るプロの覚悟 72
手術を乗り越えた先の栄冠 82

第3章 常勝の重圧

錦織圭が脱帽したチェアワーク 90
採り入れていた錦織の回り込み 93
ニューヨークでの松井秀喜の教え 100
共感したミスとの向き合い方 104
大横綱と重なった孤独 108
真のライバルだったのは…… 112

第4章 テニスと出会えた奇跡

母が耳にした唯一の弱音 118
俊敏なチェアワークの原点 122
中学3年で知った「ユーイング肉腫」 125
幸運の出発点 129
テニスの楽しさを教えてくれた恩人 132
通学で培ったパワー 136
才能を見初めたコーチとの出会い 139
TTCで生まれた人生の分岐点 142

第5章 集大成の東京パラリンピック

かなえたかった願い 146
挫折して気づけた変化する楽しさ 149
行く手を阻んだコロナ禍 165
無観客の全米オープンでつかんだ希望 169
父の死 175
捨てた世界1位の誇り 179

第6章
生涯ゴールデンスラム

チームジャパンの絆　182
宿敵とリオの金メダリストに完勝　187
三つの呪文　192
「ＳＴＡＢＢＡ」で突き刺せ　196
復活の金メダル　200
原点回帰の英断　204
99・99%信じていなかった　208
引退を回避した妻の気配り　214
ボーナス期間　219
「聖地」の重圧　223
あと2ポイントで敗戦　230
名勝負の直後に漏らした本音　235
小田凱人が仰ぎ見る背中　239

第7章 引退。そして、その先へ

新しい山への挑戦　242
苦戦した「現役最後」の試合　244
引き際の美学　248
「最強伝説」に終止符　253
引退会見　257
三つの戦い　261
妻とのテニスを解禁　266
模索の日々　269
「人生一度きり」　272

おわりに　僕は時代の風に乗れた――国枝慎吾　276

装丁　井上新八
本文デザイン　秋澤祐磨（朝日新聞メディアプロダクション）
カバー写真　東川哲也（朝日新聞出版　写真映像部）
ヘアメイク（カバー写真）　須藤鈴加
帯写真　Bob Martin・IOC・OIS・アフロ

国枝慎吾・主な戦績

－は開催なし。全豪・全仏・ウィンブルドン・全米はシングルス

開催年	パラリンピック シングルス	パラリンピック ダブルス	全豪オープン	全仏オープン	ウィンブルドン	全米オープン	備考
2004		金		－	－	－	アテネ・パラリンピック
2005	－	－		－	－		
2006	－	－		－	－		初の世界ランキング1位
2007	－	－	優勝	優勝	－	優勝	年間グランドスラム（当時の4大大会制覇）
2008	金	銅	優勝	優勝	－	－	北京パラリンピック
2009	－	－	優勝	優勝	－	優勝	プロ転向
2010	－	－	優勝	優勝	－	優勝	107連勝
2011	－	－	優勝		－	優勝	
2012	金				－	－	ロンドン・パラリンピック
2013	－	－	優勝		－		
2014	－	－	優勝	優勝	－	優勝	
2015	－	－	優勝	優勝	－	優勝	
2016		銅				－	リオデジャネイロ・パラリンピック
2017	－	－					
2018	－	－	優勝	優勝			
2019	－	－					
2020	－	－	優勝		－	優勝	
2021	金					優勝	東京パラリンピック
2022	－	－	優勝	優勝	優勝		生涯ゴールデンスラム達成
2023	－	－					世界ランキング1位のまま、引退を表明
通算	金3回	金1回 銅2回	11回	8回	1回	8回	

写真：日刊スポーツ／アフロ

第1章
2度の引退危機

妻にしか話せなかった選手生命のピンチ

「やっぱりひじが痛い。引退しなきゃいけないかも」

「絶対王者」としての顔を、外では崩せない。ライバルに漏れるかもしれないから、メディアにも弱音は吐露できない。それが国枝慎吾の哲学だった。唯一の安息の場所が家庭での夫婦の会話だった。

隠し立てする必要がない、唯一の人に、引退危機を告げた。

正確な日付は覚えていない。2017年2月、約3カ月ぶりに本格的に練習を再開した日だった。

違和感を覚えたのは、東京都北区のナショナルトレーニングセンターでのストローク練習がフォアハンドから、バックハンドに移ったタイミングだった。

ボールをインパクトした瞬間、右腕に初めてではない鈍痛を感じた。

国枝の右ひじは、古傷を抱えていた。

■ ■ ■ ■ ■

リオデジャネイロ・パラリンピック（リオパラ）後の２０１６年11月から、右ひじの痛みを治すために、完全休養を選んだ。翌年１月の全豪オープンは欠場。妻の実家で年末年始を過ごし、リフレッシュに努めていた。

にもかかわらず、本格的に球を打ち始めた初日の練習で痛みが出た。

半ば、覚悟はしていた。日常生活の中で、ほぼ無意識な確認作業で右手を上下させる動きをすると、鈍い痛みが走った。弱まってはいたが、消えていなかった。ただ、どこかで認めたくない気持ちがあった。

やっぱり、か。絶望感が体を包む。

「明日の練習は難しいと思います」

コーチの丸山弘道には、そう告げて家路についた。

千葉県柏市の自宅まで、高速道路を走って1時間半ぐらいかかる。現役続行に暗雲が垂れ込める不安感を、自分の胸の中だけにとどめて愛車を走らせるのは、しんどい。妻にしても、帰宅していきなり聞かされるより、まず電話で告げたほうが心の準備ができるかもしれない。

とにかく、誰かと共有したい心境だった。

コーチたちと離れ、一人になったタイミングで駐車場から連絡をしたのは、そんな理由からだった。

国枝から電話がかかってきたとき、妻の愛は近所のスーパーに買い物に行く途中だった。晩ご飯の献立は何にしようかなどと考えている、ごく日常の時間に、夫から「引退」の二文字を含む、失意の告白を聞かされることになった。

絶句とは、こういうことなのか。そんな思いがよぎった。

「とにかく、あのときは、すぐにはかける言葉が見つかりませんでした。しばらく沈黙があったと思います。お互いに、しばらく黙っていた気がします。あれが夫のテニス人生で、最大のピンチでした」

■■■■■

右ひじに違和感が出たのは、2015年秋だった。

すでに、9月に優勝した全米オープンのころから、歯車は狂い出していたのかもしれない。この大会、国枝は首にテーピングをしながら戦い続けた。

その前週のセントルイスの大会では、激痛で棄権を余儀なくされた。

当時の状況を、国枝はこう話す。

「肩など、上半身の可動域が戻っていない中、体のひねりが浅くなって、腕で強引に振ることで、一発でひじに痛みが来てしまいました」

2015年9月、全米オープンで6度目の優勝。しかし、このころから右ひじの痛みに苦しめられるようになる。(写真:Abaca/アフロ)

どこかをかばうことで、ほかの箇所に過度の負荷がかかる。連鎖による痛みだったと推測される。リオパラが迫ってくる。我慢は限界に来ていた。決断せざるを得ないタイミングがやってきた。

2016年4月、内視鏡によるクリーニング手術に踏み切った。執刀したのは、日本テニス協会医事委員長でもあった聖マリアンナ医科大学名誉教授、別府諸兄《もろえ》。リオパラ開幕の5カ月前だった。

消えなかったひじの痛み

2012年、国枝はロンドン・パラリンピック（ロンドンパラ）を9月に控えた2月にも手術をしている。

そのとき執刀したのも、同じく、別府だった。自身も大会に出場するテニス愛好者であり、テニスひじ治療の権威だ。

別府によると、テニスひじは発症して間もなければ保存療法で、ほぼ痛みは消えるという。

「テニスひじにはフォアハンドが原因でひじの内側に痛みが出るタイプと、主に片手バックハンドのやりすぎで、ひじの外側に痛みが出るタイプがある。国枝さんの場合はバックハンドの酷使による外側の痛みで、手術が必要な状態でした」

車いすテニス選手の「職業病」と言っても過言ではない。

車いすテニスの場合、利き手と逆の腕で車輪をこぐ。だから、健常者に多い両手打ちのバックハンドはできない。どんな打球でも片手打ちになるから、打球の衝撃によりひじの痛みが生じやすくなる。

2012年2月、別府は国枝のひじの手術をした。「ひじの関節内で毛羽立っている滑膜のひだを掃除するクリーニング手術でした」。皮膚を切り開く術式では、回復に時間がかかるため、内視鏡を入れて、モニターでひじの内部を見ながら取りのぞく方式を選んだ。

手術は無事に成功し、ロンドンパラで、国枝はシングルス2連覇を成し遂げた。別府のオフィスには、ロンドンで国枝が使ったダンロップのラケットがある。お礼の意味を込めて、プレゼントされたものだ。

2016年4月に2度目の手術を決断したとき、「リハビリに充てられる期間がロンドンのときよりも短くなる。それでも大丈夫だ」と国枝が判断したのは、前回に比べて痛みの度合いが弱かったからだ。

「前回はコップを持つのも痛いぐらい。今回はなんとかテニスができる痛みだった」

■　■　■　■　■

復帰を急ぐ必要があった。手術から1カ月後、5月に有明コロシアムが舞台となったワールドチームカップに、無理やり間に合わせた。6月には全仏オープンに出場。しかし、そこで右ひじの痛みが再発した。7月のウィンブルドン選手権は、欠場を余儀なくされた。

国枝は、別府に手術の詳しい結果について、確認した。手術の直後にはなかった説明を、別府の口から聞くことになった。

4年前と違い、痛みが完全に消えない可能性を宣告された。

「なぜ、もっと早く言ってくれなかったのか」。リオが目前に迫るタイミングでの宣告に、当時は、裏切られたという思いがこみ上げた。

別府の説明はこうだった。「前回同様、滑膜のひだの毛羽立った部分をきれいにすると、その下の軟骨まで傷ついていたんです」

しかし、パラで3連覇をめざす絶対王者をいたずらに不安にする説明は控えた。もしかしたら、前回同様、痛みが消えてくれるかもしれない。執刀医として、そう祈りたい気持ちだった。

「バックハンドの打ち方を変えることで、痛めた箇所への衝撃が少なくなるかもしれません。さりげなく、そんなことを話した記憶はあります。でも、世界ナンバーワンの選手に、自信を持って技術的なアドバイスをするなんて、とてもできません」。その後の医科学の進歩をもってしても、国枝の痛めた部分の治療は難しいという。

日一日と、リオパラが迫っていた。国枝は「セカンドオピニオン」を求め、ほかの医療機関を回った。文字通り、藁《わら》をもすがる思いで激痛を伴う治療法にも耐えた。しかし、劇的な回復には至らなかった。右ひじの痛みという爆弾を抱えたまま、3連覇への苦難の道を進むことになった。

ラケットを握れない日々

2016年9月、リオパラ開幕直前に、朝日新聞に国枝のパラへの思いを紹介する記事を書いた。**「涙は金のときだけだ」**というタイトルだった。

今年、国際テニス連盟(ITF)は、1988年ソウル五輪でテニスが復活して以降の歴代メダリストたちを写真とインタビューで紹介する書籍を作った。そうそうたる顔ぶれの中に、車いすテニスのメダリストも登場する。ダブルスも含めて金3、銅1の国枝慎吾(ユニクロ)はこう語っている。「テニス人生の中で、表彰式で泣いたのは3回しかない。それがパラリンピックで金メダルを獲得した3回。どれだけ特別な思いか、伝わると思う」

1年に4回ある4大大会と違い、4年に1度しか巡ってこないプレミアム感。パラリンピックイヤーの照準は決まっている。今年はリオデジャネイロだ。

シングルス3連覇をめざす国枝は今、時間との戦いに直面している。4月に手術した右ひじの痛みがなかなか引かなかった。6月、全仏オープンから帰国した頃、こんな見通しを話していた。「まだショットの正確性が足りない。その精度が上がれば、チェアワークもスムーズになるはず」

「もう少し時間が欲しい。調子が上がるのがパラリンピック直前になるのか、ウィンブルドンが終わった頃なのか」

国枝は結局、ウィンブルドン選手権を欠場した。状態は完全ではないが、「リオにたどり着けるところまで来た」と腹をくくる。

冒頭で紹介したITFの書籍で、国枝は夢を語っている。リオで金メダルを取り、20年東京大会でも頂点に立つ。リオは4連覇に向けた通過点に過ぎない。

告白すると、この原稿を書くのは、つらかった。

パラリンピックにかける思いの強さは紹介したい。ただ、3連覇を能天気にあおることは、読者をミスリードすることになる。かといって、「国枝の3連覇に赤信号」と断ずるだけの根拠はなかったし、懸命にリハビリに励む国枝に失礼だ。

ところどころに、「黄信号」を示唆する表現を使った。

「腹をくくる」は、準備不足は承知で挑むという裏返しだし、「もう少し時間が欲しい」

は、メディアの前で弱音は吐きたくない中で透けた、わずかな本音だと感じて書いた。

■ ■ ■ ■ ■

この原稿が新聞に載る2カ月ほど前の7月13日、国枝とナショナルトレーニングセンターで偶然会った。リオデジャネイロ五輪に向けた錦織《にしこり》圭の記者会見の取材で訪れたとき、ロビーで遭遇した。

記者会見と違い、長年、国枝を取材してきた顔なじみの先輩記者と2人で囲んだので、ざっくばらんな会話になった。

「今、ナショナルトレセンに泊まってます。ずっとですね。家に帰れないのは寂しいですね。その分、パラで金メダルを取ったらはじけますよ」

国枝は、両腕を掲げてガッツポーズをしてみせた。明るさはいつも通り。ただ、ちょっと無理のある笑顔にも見えた。

――パラがなかったら、もう一度メスを入れて手術をしていた可能性はありますか？

「うーん、どうですかね。リオパラの1大会、なんとかもってくれればと願っています。開幕まで、あと58日なんですよ。カウントダウンの紙がトレーニング場の壁に貼ってありました」

コートではなく、リハビリのトレーニング場が、このときの国枝の練習場所だった。

――ラケットを握ってから、あと何日あれば本番に間に合いますか？

「1カ月は欲しいですね」

冗談半分で、こんな聞き方もした。

――今、じゃあ、リオパラ開幕の1カ月前まではラケットを握れないといったら、そのディールにのります？

「のりますね。つぼでも買いますよ」

つまり、「1カ月前まではリハビリに専念して、あとは運に任せたい」という意味だ。

その答えを聞いて、それ以上踏み込むのは控えた。右ひじの状態が相当悪いことが、想像できた。

■　■　■　■　■

当時の心境について、国枝は、のちにこう明かした。

「リオは本当に行きたくないな、と思っていました。打つたびに右ひじに痛みが走るし。それでも、ライバルにけがを勘づかれたくないから、金メダルを取ると、記者の皆さんの前で言っちゃう僕もいるし、とにかくつらかったです」

リオパラは回避することも考えていた国枝の背中を、あえて強く押したのが、ＩＭＧジャパンで国枝のマネジメントを担当する北原大輔だった。

北原に聞くと、一見ドライというか、突き放した答えが返ってきた。

「リオのとき、たぶん、すごい悪い言い方をすると、東京を見据えていたかもしれないですね、ストーリーを作れ、と。東京パラがあるからこそ……」

そのとき、隣にいた国枝が笑いながら、口を挟んだ。

「ここで負けとけ、というう物語ですよね」

北原が言葉を継いだ。「あのときは、王者の風格を背負っていたから、負け戦が許されない。そこで、慎吾くん本人としては、負けにいく、というのは受け入れがたかったとは思うんですけど」

北原から押されなかったら、リオは出ていなかったのか。国枝に確認した。

「出ていなかったと思います。妻に言っても、『ええ？　北原さん、出ろなんて言ってるの～？　はぁー？』って言ってました。僕自身、家では『まじ、あり得ねえよ。出ろって言ってるんだよ。出ねえよ』とキレ気味に言っていました」

妻の愛は、無理して出ることで右ひじの状態がさらに悪化し、車いすでの移動、自動車の運転など日常生活にも支障が出たら……。引退後も見据えての心配があった。

信じた最後の奇跡

では、なぜ最終的にリオパラに出ることを決断したのか。

その質問に対して、国枝はしばらく黙った。ICレコーダーで確認すると、7秒ほど。その場の沈黙に耐えきれなかったのか、助け舟を出したのは、北原だった。

「王者の風格をまとっていたからだと思いますよ」

国枝が口を開いた。

「最後の奇跡を信じたのかも……」

それまで、ひじの痛みなどがあっても、それを乗り越えて4大大会優勝など、幾多の栄冠をつかんできた実績にすがりたい気分だった。

■ ■ ■ ■ ■

南半球のリオデジャネイロに着いても、右ひじの状態は芳しくなかった。開幕前、ステロイドの痛み止めの注射を打つか、コーチの丸山らと話し合った。ステロイド注射は関節内の組織をもろくさせてしまうリスクと隣り合わせだ。ためらいがちだったコーチらに対し、国枝に迷いはなかった。

「引退覚悟で打ちます」

2016年9月、リオデジャネイロ・パラリンピックのシングルスは準々決勝敗退。ダブルスで銅メダルを獲得したが、悔しさの残る大会となった。(写真：アフロスポーツ)

3連覇がかかるシングルスには2回戦から登場した。

ブラジル選手、中国選手にストレート勝ちした後、準々決勝でふだんの4大大会(当時はシングルスの出場枠は8人)でしのぎを削るヨアキム・ジェラール(ベルギー)との対戦になった。過去は12勝2敗と圧倒している相手に対し、強風の中、3－6、3－6のストレート負けだった。

現地の記者席で試合を見届けた私は、朝日新聞に観戦記事を書いた。あの日は青空で、風が強かったことを覚えている。

記事の切り口は当然、右ひじのけがに触れたものだ。

タイトルは**「4年に1度の難しさ　右ひじを手術『ため』戻らず」**。

車いすテニス男子シングルス3連覇の夢を絶たれた国枝慎吾に、勝負の分岐点を尋ねると、「根本的に力負けでした」。

今年はじめまで約10年、ほぼ世界ランク1位を譲らなかった王者の風格に大抵、対戦相手は萎縮してきた。

しかし、この日はストレート負けだった。第1セットでブレークされた直後の第6ゲーム。4度ジュースに持ち込んだが、ブレークポイントすら奪えない。4月に右ひじを手術。痛みの再発と闘い、第6シードで挑んだ今大会は、本来のオーラが消えていた。

右ひじに違和感を覚えたのは昨秋、全米オープン優勝から間もなくだった。苦悩の日々の始まり。「苦しい一年でした。何度、去年パラリンピックがあったらなあ、と思ったことか」

全米オープン優勝の翌日、元野球少年の国枝はあこがれの元ヤンキースの松井秀喜さんとニューヨークで対談した。2人が共鳴したのが「ため」だった。松井さんが「大切なのは、体を早く開かず、球をいかに長く見るか」と話すと、国枝が呼応した。「球をためる、ですね。テニスも軸を作って回転させ、腕の力じゃなくてひねりで打つ。共通しています」。さらに「野球と違い、テニスはバッターボックスが前後左右に変わる。チェアワークが大事なんです」と話が弾んだ。

この日、国枝は試合勘の欠如を敗因に挙げた。「球への入り方も居心地悪かった。本来の『ため』が、最後まで戻らなかった」。4年に1度の大会にピークをあわせる難しさ。パラリンピックのシングルスで敗れたのは、実に12年ぶりになる。

試合後のミックスゾーンで、国枝は涙を隠さなかった。同時に、対戦相手への賛辞を惜しまなかった。

「本当に素晴らしいプレーだったと言うしかないです」

「彼とやるときは、ストローク戦では負けてはいけないけれど、できなかった。それが完敗だった証拠。このパフォーマンスじゃ、ノーチャンスだったなと思います」

リオは4年後の東京大会に向けた通過点と言ってきたが、その思いは変わらないのか。それが気になった。

「おっしゃるとおり、すごく若手が伸びてますし、それは僕も認めざるを得ないところ。少しブレークを取るかもしれませんけど、練習もしっかり積んで、またやり直したい」

右ひじの状態を考慮し、シングルスに絞って、ダブルスを回避することは選択肢になかったのか。国枝は、ジェラールと戦った日の前日、ダブルスの試合にも出場していた。

「そこに関しては全然悔いがないです。まだ残ってるんで、逆にダブルスにかけなきゃいけない、と思っている。体力的には昨夜、ダブルスの試合があってタフでしたけど、今日コートに入ってみればけっこう元気でしたし、回復してきたな、という感じだったので、そこは何の言い訳もないです」

元々、負けたときに言い訳をする人ではない。そもそも、負ける頻度が極めて低い「絶対王者」であり続けた。

ただ、リオでの敗戦は、潔すぎるようにも思えた。

■ ■ ■ ■ ■

引退後、改めて聞くと、裏話が満載だった。

――リオパラでジェラールに負けた準々決勝の後、右ひじの痛みの影響はなかったと強硬に否定していましたが、言い訳が嫌だったからですか?

「リオでは痛み止めの注射を打っていたので実際、痛くなかったんですよ。そこからほんと2カ月半ぐらい痛くなかった。すげえな、注射って。だから痛みはないのは本当なんですけれど、とにかく仕上がっていなかった」

その後、国枝は「ただ、言い訳は一つありますけど……」と言葉を継いだ。ここから、独白が始まった。ふだんの報道陣に対して発する礼儀正しい日本語ではなく、ぶっちゃけトークが全開になった。

「時間です。覚えてます？　ダブルスが前の日、深夜零時半ごろまでやっていたんです。そして、翌日のシングルスが第1試合ですよ。あり得ないと思いましたね、クソッと思いましたね。あれ、まじで頭に来て、今でも頭に来ますよ。あり得ないっす」

怒りが改めてこみ上げてきたのだろう。恨み節が止まらない。

「だって、選手村に帰ったのが午前2時とかで、次の日、午前10時に試合します？　しかも、試合前の練習時間を予約しようと思っても、ジェラールが取ってるから、取れないと言われて。ほかの時間を頼んだら、ここは表彰式のリハーサルがあるからダメ、と言われて、たしか午前8時にウォームアップをすることに。あれは今でも頭に来てるな。あれはないなあ。超怒ったなあ。現地にいた日本の車いすテニス協会の人にも、超怒ったなあ。なんでスケジュールが出たときに交渉してくれないんだ。あり得ないわって」

素の国枝慎吾がのぞいた。怒りながらも、笑顔で振り返れるところが、この人の度量の大きさだ。

挫折と若手の台頭

シングルス敗退後も、リオパラでの戦いはダブルスが残っていた。

当時、32歳の国枝は、アテネ・パラリンピック（アテネパラ）で一緒に金メダルを射止めた44歳の齋田悟司《さいださとし》とのペアで、3位決定戦に挑んだ。

銅メダルをかけて戦ったのは、27歳の三木拓也、31歳の眞田 卓《さなだたかし》という日本ペアだった。果敢に攻めてくる後輩ペアを、ベテラン2人は円熟の技巧で受け止めた。

狙われた齋田は、ロブで対抗した。このセンターコートはベースライン後方が広く、しかも、打球が高く弾む。齋田は「後ろも横も広いので、守れちゃうんです」と振り返った。余裕を持って返球し、順回転を効かせ、より跳ねる打球で相手ペアのミスショットを誘った。

本来、攻撃的なテニスを追求する国枝も、理想は捨てた。

「守備力が生かせるコートで齋田さんが我慢してくれた。パラリンピックは内容より勝ち負けが大事なので、割り切りました」

結局、第1セット、第2セットとも終盤で後輩ペアの強打の精度が落ちた。ミスショットの数は国枝・齋田組の22に対し、三木・眞田組は59。そこが勝負を分けた。銅メダルを手にし、シングルスで敗れたときとは違い、今度は喜びの涙がほおを伝った。

「本当に苦い大会になったなという思いだったんですけど、この銅メダルで苦しさも少し報われたかなと思います。念願の金メダルとはならなかったですけど、やっぱりメダルがあるかないかは大きな違いだと思っていました。手ぶらで帰るか、そうじゃないのかは、大きな差だと自分自身にプレッシャーをかけてましたし、それが達成できて良かった」

齋田とつかんだ通算三つ目のパラリンピックのメダルとなった。2人の年齢をあわせると76歳のペアでのメダルについて、国枝が振り返った。

「今朝、感じましたね。まだまだ若いのにはやられんぞ、と。アップしているときかなあ、まだ、ちょっと早いぞと」

ハッピーエンドとしてリオを締めくくれたことが、ツアーに戻る国枝の背中を押した。そして、何より、4年後に東京大会が控えていることが、気持ちを前向きにした。

■ ■ ■ ■ ■

2023年2月の引退記者会見から間もないときのインタビューで、国枝に聞いた。リオの4年後が東京でなかったら、リオを最後に引退していた可能性はあったのか、と。

「東京がなかったら、心が折れていたんじゃないですかね。もちろん、ひじの痛みが消える打ち方とかを試したと思いますよ。でも、面倒くさくなっちゃったんじゃないかな。そうした試行錯誤も」

当時、32歳だった。

国枝のあこがれであり続けたロジャー・フェデラー（スイス）が「アラフォー」まで活

躍し、2022年に41歳で引退したように、近年、テニスプレーヤーの選手寿命は延びてはいる。

ただ、リオパラのころの「常識」だったら、引退が頭をかすめてもおかしくない年齢だった。

「リオでは金メダルを取ったゴードン・リードがすごく輝いて見えたし、僕を超えたな、と認めざるを得なかった。自分の状態がベストであれば、という気持ちは当然ありましたけど、でも、ああ、時代が変わったな、というのは決勝戦を見ながら思いました」

ダークなエネルギー

リオパラがあった2016年の12月15日、WOWOWのパラリンピックドキュメンタリーシリーズ「WHO I AM」の試写会イベントに国枝は登壇した。首にはリオのダブルスの銅メダルがかかっていた。

私は「オレは最強だ!」が信念の国枝選手にとって、体調がベストであれば、また世界のトップに返り咲けるという気持ちを持っているのか、質疑応答でストレートに聞いた。

「万全であれば、相当いけるはずだという思いもある。ただ、今年一年はそれを確かめることができなかったので、それを一度確かめたい」

「ホームで開催されるパラリンピックでは、最大の目標が金メダル。まずは自分自身が万全の状態でテニスコートに上がること。それからですね、すべては」

自信が揺らいでいる時期だとは想像しつつ、率直に、でも4年後の東京をしっかり見据えた答えが返ってきた。

■　■　■　■　■

引退後、そのときの記憶をたどってもらった。

「そんなこと言いましたっけ。世代交代とか言われているけれど、前の年、２０１５年全米まで77連勝ぐらいしていましたし。あそこからひじが痛くてやっていたわけで、『完調の自分を試さずにはやめられないかな』と、思ってはいましたけど。ただ、『ひじ次第だな』とは同時に思っていました」

復活への疑心暗鬼と戦っていたのだ。
我ながら陳腐な質問だけど、と前置きしつつ、続けた。

――なぜ、頑張れたんですか？

「ポジティブなエネルギーと言うよりはダークなエネルギーのほうが多いんじゃないですか。執念というか」

――広く世間が知る、明朗快活な国枝慎吾とは違って？

「きらきら輝くようなフレッシュな、さわやかな気持ちで1位に返り咲いたわけではない。心の中で渦巻くものというか、オレは若手のおまえらに負けたんじゃなくて、けがに負けているだけだから、今に見てろよ、という思いはちょっとありましたよ。テニスが楽しいから、という陽の気持ちだけじゃなくて、『見てろよ、このやろー』という執念が実った返り咲きだと思います」

■
■
■
■
■

２０２３年２月７日の引退記者会見では、最悪の時間を過ごしていたときの妻への感謝を口にした。

「リオで、僕自身が追い込まれていたとき、妻の存在は大きかった。メディアの前ではどうしても強気な発言、金メダルを取りますだとか言わなきゃいけないところがある。それは、自分自身が傷を負っていてもそこで弱音を言うとプレーに出るというのもあって言えない。家に帰って、妻にもう無理だとか、試合に間に合わないなとか、引退かなとか、そういった言葉を吐き出せる場所があったのが、僕の競技に助けになった」

ふだん面と向かってだと、妻への感謝の言葉が多くはない国枝が、続けた。

「２０１７年からは海外の大会にも帯同してくれました。テニスって、１年間、世界各地を回って、孤独なんですよね。妻がいることで、ホテルに帰ればアットホームな雰囲気が流れる。それだけでも十分、オンとオフを切り替えられました」

ここからは、「たられば」の世界になる。

2016年の「マイ・ワースト・デイズ（最悪の日々）」で一度、舞台から降りていたらどうなっていたか。つまり、リオパラを欠場していたら……。

「北原さんに、半ば無理やり、出場すべきだと言われなかったら、おそらく東京の金メダルはなかった。リオを欠場して、たぶん、けがをする前の自分に戻れさえすればなんとかなる、という思考になっていた気がする。ゼロからすべてを見直す挑戦者にはなりきれていなかった。その後の濃密な6年間は、きっとなかった」

国枝は、マネージャーとして長年、伴走してくれた北原が退路に立ちはだかり、強くリオパラへの出場を促してくれたことに、改めて感謝している。

人生の扉を開いたアテネの金

2017年に意識した「引退」から、13年前に時間を戻したい。

当時、麗澤《れいたく》大学の3年生だった国枝は、もっと明確に「引退」を念頭に、初出場となる2004年9月にアテネパラの舞台を踏んだ。

「本当にアテネの結果にかかわらず、辞めるつもりでした。理由は経済的な問題です。父はふつうのサラリーマンで、家庭は裕福ではなかったし、海外遠征とかで年間300万から400万円ぐらいかかっていたはずなので。親は『お金の心配はいいから、テニスに集中しなさい』と言ってくれてはいましたけれど。これ以上、両親にも負担をかけられないし、大学3年だったので、アテネから帰ったら、就職活動をしなきゃ、と思っていました」

アテネにたどり着くまでも試練があった。

6月の欧州遠征で右手首を痛めてしまい、ほぼぶっつけ本番でギリシャに入った。ボールを使った練習を再開したのは、8月に入ってからだ。これほど大きな故障はテニスを始めてから経験がなかった。

「もしかしたら、間に合わない。出られないかもしれません」

ダブルスを組む先輩、齋田悟司にはそう明かしていた。一方、自分が通う麗澤大学にはパラリンピック出場を祝う横断幕が飾られていた。引くに引けない状態だった。

痛みがぶり返さないか、という恐怖心は続いた。大会期間中、睡眠導入剤に頼って眠りについた。

アテネパラのシングルスはベスト8で敗れたが、ダブルスは準決勝まで勝ち上がった。強敵のオーストラリアペアとの対決になった。

大会中、国枝の右肩に激痛が走ったが、躊躇《ちゅうちょ》なく、痛み止めの強い注射を打った。

「どうせ、アテネを最後に引退するんだから、気にしていませんでした」

いかに、この当時は「アテネ以降」のキャリアに無頓着だったかがわかる。

■　■　■　■　■

フルセットにもつれたダブルスの準決勝。最終セットに入る前、国枝は緊張のあまりトイレで吐いた。

当時、32歳だった齋田は、20歳の後輩をもり立てる言葉を必死に探し、励まし続けた。

当時の日本男子の第一人者は齋田だった。

「こうなったら、気力しかないから、魂を込めて打っていこう」

日本ペアは先にマッチポイントを握られた。その絶体絶命のピンチを耐え抜いて、ひっくり返す勝負強さを見せた。

「1ポイントずつ言葉をかけあったとは思うんですけれど、覚えてないです。そんな余裕はありませんでした。2人とも引退する覚悟でやっていましたし、アテネで燃え尽きるぐらいの気持ちはありました」

齋田の述懐だ。

ダブルスの決勝は、ストレート勝ちだった。

日本のテニス界は、1920年アントワープ五輪で熊谷一弥《くまがいいちや》が銀メダルを手にし、柏尾誠一郎とのダブルスでも銀メダルに輝いた。しかし、金メダルは齋田と国枝がアテネで勝ち取ったのが、最初の金字塔となった。

国枝だけでなく、齋田もアテネを区切りに引退するつもりだった。

元々、三重県の四日市市役所の公務員。退職して退路を断ち、千葉県の吉田記念テニス研修センターに拠点を移したのが1999年で、アテネまでの5年計画で完全燃焼する覚悟でいた。海外遠征に行くときは、公務員試験の問題集を持参して勉強をしていた。遠征で国枝と相部屋のときは参考書を開くことは控えたが、地元に戻って公務員になるつもりだった。

その思いが、アテネの金メダルで変わった。

齋田は「勝ったのがうれしすぎて、これはやめられないなと思ったのを覚

2004年9月、アテネ・パラリンピックでは、齋田悟司と出場したダブルスで金メダルを獲得した。（写真：朝日新聞社）

えています」。

国枝は日本に戻る機中で、考えていた。

「日本に帰ったら就職活動を頑張らなきゃ、と思っていたけれど、金メダルを取ったことで、もしかしたら、まだやれるかもしれない」

国枝の思いも、また変わりつつあった。

■　■　■　■　■

行動に移すのは早い。国枝は、テニス選手として雇ってくれる会社がないか、大学の就職担当に相談した。

大きな会場での会社説明会にも出かけた。東京都内でテニスの遠征費も出してくれる条件で内定を出してくれる会社が見つかった。パラリンピックの金メダリストという称号が説得力を持つ。その自信が、自らの背中を押した。

テニスを続けるには、練習拠点と自宅、そして仕事場、通勤時間も含めて、どこが最適かを考えてたどり着いたのが母校の麗澤大学で働くことだった。

就職担当に自らぶつけたところ、ＯＫが出た。

「パラでメダルを逃していたら、大学に強くは言えなかったでしょうね。金メダルの祝勝会をやっていただいたり、やはり金メダリストだったのは大きいです。アテネで結果が出ていなかったら、引退だったと思います」

つまり、アテネのダブルス準決勝で、相手のマッチポイントを齋田と耐え抜いて逆転勝ちにつなげていなければ、のちに国民栄誉賞を贈られる国枝慎吾は存在しなかった。

そう思うと、アテネから12年経ったリオで、齋田とつかんだ銅メダルもまた、人生の縁に彩られ、味わい深い。

「高校生のころから、齋田さんの背中を追いかけてやってましたから」

「絶対王者」として名を馳《は》せていく国枝の軌跡を振り返る中で、齋田悟司は偉大な先人であり、恩人になる。

第2章

「絶対王者」への軌跡

写真：アフロスポーツ

「オレは最強だ！」誕生の舞台裏

言霊は、人間の潜在力を目覚めさせる。
国枝慎吾を世界のトップに導いた有名なフレーズがある。

「オレは最強だ！」

この言葉の生みの親は、オーストラリア人のアン・クインというのが「定説」だ。間違いではない。アンは、齋田悟司らと並ぶ国枝にとっての恩人だ。ただ、誕生秘話でもう一人、欠かせない女性がいる。

■　■　■　■　■

2006年1月の全豪オープン出場のためにオーストラリアに渡った国枝は、ほかの日本人選手とともに試合会場の一角でアンのカウンセリングを受けることになった。
その前の年の11月、国枝が拠点にしていた千葉県柏市の吉田記念テニス研修センター

（ＴＴＣ）が講師として招いたのが、アンだった。メンタル面をはじめ、フィットネスの原理、栄養、コーチの心構えなど、セミナーのテーマは多岐にわたった。

全豪オープンでのカウンセリングは、個別の面談になった。当時の国枝は英語を聞き取るスキルが十分ではなかった。アンの英語はかなり早い。論理的にポンポンと早口でたたみかけてくる。

国枝は明かす。

「アンの話す英語のうち、自分で理解できていたのは、2割、もしくは3割程度でした」

通訳として同席していたのが、吉田仁子《まさこ》だった。1975年ウィンブルドン選手権でアン清村と組み、女子ダブルスを制した沢松（現・吉田）和子を母に持つ。吉田は物心ついたころからラケットを握り、米国の大学に進んだことで英語も堪能《たんのう》だったため、うってつけの人選だった。ＴＴＣの理事長であった父、宗弘の指示でメルボルンに派遣されていた。

ここからは吉田の記憶を元に振り返る。

プレーヤーズラウンジで、アンは問いかけた。

「何か聞きたいことはある？」

唐突な質問に、国枝は「ええ？」と戸惑いを隠せなかった。

「何でもいいから」

吉田に促されて、恐る恐る、聞いた。

「オレって……世界ナンバーワンになれますかねえ」

当時、国枝は世界ランキング10位前後に停滞し、壁にぶつかっていた時期だった。

アンが笑って、問い返した。

「あなたはどう思うの？」

国枝は一瞬、萎縮した。

アンが続けた。

「なりたいとか、なれるとか、というより、自分が1位だというマインドで臨むよう、心がけなさい」


アンのカウンセリングを受けた選手は、国枝のほか、3人ぐらいいた。吉田は振り返る。

「その中で慎吾くんが一番、すんなり反応した。アンとの言葉のキャッチボールがうまくはまった。人の言うことを自分なりにかみ砕き、理解して、とりあえずやってみようという行動力が慎吾くんの長所だと思う」

アンの問いかけは続いた。

「世界1位というのはどういうイメージだと思う?」

言葉で端的に表現するのは難しい問いかけだ。

アンは、いろいろ具体化する質問を続けていった。

そして、「アファメーション」の作業に入った。アファメーション(affirmation)を英和辞書で引くと、「肯定、確認、断言」と訳される。その言葉を唱えることで自分を変えていくメソッドだ。

人間は1日のうち、何万回も自問自答しているという。そのほとんどは無意識に繰り返され、その心の声は顕在化されない。だから、肯定的なキーワードを内面に語りかけ、イメージを膨らませる。信念として固め、行動に変える。理想の自分へとアップデートするために。

言ってみれば、「なりたい明日の自分になるための自己宣言」だ。

アンは国枝が抱くイメージにしばらく耳を傾けた後、いくつかのワードを提示した。

その中に「I am invincible」があった。

直訳すると、「私は無敵だ」が思い浮かぶ。吉田がどの日本語の表現が一番しっくり来るか、いくつかワードを出していった。

「無敵」を挙げたとき、国枝の顔つきを見ると、どうもしっくり来ていない様子だった。

「最強」を出すと、国枝の反応に変化があった。「それだ。それですね」

当の本人に、記憶をたどってもらった。

「なんか、無敵だとしっくり来ないと言った記憶はありますね。ちょっと子どもっぽい響きを感じたんですよね。仁子さんがいくつか日本語を挙げていき、最強だ、がピンと来たというか、これだ、と思いました」

恥を捨てた絶叫

キーワードは決まった。これで、一安心。セッション終了……、とはいかなかった。

アンはその場で叫べ、と指示した。

戸惑いつつ、国枝が口を開く。

「オレは最強だ」

声が小さかった。やり直し。2度目も、アンからダメ出しをされた。

「もっと叫んで！」

国枝は追い込まれた。周りには、そのときの車いすテニス男子のトップ選手もいた。恥ずかしさが先に立ったが、眼光鋭いアンの表情を読み取ると、妥協するムードは一切ない。「これは手ごわいぞ。やりきるまで終わらないな」

半ばやけっぱちだった。恥を捨てねばという覚悟を決めた国枝は、大声で叫んだ。

「オレは最強だ！！」

言霊の誕生だった。

この日以降、この呪文を唱えるのが日課になった。朝、トイレに行ったときに鏡の前で声に出した。コート上ではラケットにシールで貼って目に入るようにした。常に最強とい

2006年1月の全豪オープン以降、
「オレは最強だ！」と書かれたシールを
貼ったラケットで試合に臨むようになった。
（写真：本人）

うオーラをまとえ、というアンの教えを忠実に守った。

国枝は、この呪文の誤解されがちだった部分について振り返る。

「『オレは最強だ！』の認知度が上がるにつれて、国枝慎吾って自信過剰なんじゃないかって思われがちだったんですけど、どちらかというと逆です」

テニスの3セットマッチだと、所要時間は2～3時間。その間、ずっと強気でいられるわけではない。対戦相手が実力的に劣っていても、大抵、相手に試合の流れが傾く時間帯がある。弱気は失敗を引き寄せがちだ。心をクールに保ちつつ、「最強だ！」と叫びながら打つことで、流れを奪い返せることが多いという。

試合だけではない。日常の積み重ねである練習でも、惰性に流されがちな瞬間が訪れる。

そんなとき、「世界最強の選手は怠けたりしないはずだ」と自分を鼓舞することで、練習の質を高く保てる。

一般的に、メンタルトレーニングと聞くと、心を強くするイメージがある。しかし、国枝の考え方は違う。

「メンタルを強化するとは、メンタルのテクニックを身につけることだと気づいたんです。『オレは最強だ！』を唱えて、自分を奮い立たせるのも、『サーブを打つ』『ボレー、スマッシュを放つ』『フォアハンドとバックハンドでコースを自在に打ち分ける』といった技術と変わらないという発想です」

心の安定を保つためには、ルーティンも効果がある。ファーストサーブのときは打つ前に2回ボールをつく、セカンドサーブなら4回。連続で失点したときは、ひと呼吸置くためにタオルを取りに行って、1回顔をぬぐう。

「気持ちをリセットすることで、心を安定させるのも、技術だと考えていました」

アンの指導はメンタル面にとどまらなかった。

国枝はいう。

「アンの肩書はメンタルトレーナーではないんです。ピークパフォーマンスのスペシャリスト。2年とか4年先と中長期の計画を立てて、目標に置いたトーナメントで最高の状態に持っていくために、逆算して準備していく。さらにフィットネス、栄養面の知識も豊かなので、勉強になりました」

2006年の全豪オープンでも、さっそく言われた。「試合の合間にバナナを食べなさい」。試合が終わると、「30分以内に必ず何か栄養分を補給しなさい」とアドバイスされた。

2008年の北京パラリンピック（北京パラ）の齋田悟司とのダブルスで銅メダルを取ったときは、すでに深夜でプレーヤーズレストランに食べるものがない状況だった。翌日にシングルスの試合が控えていた。そのとき、国枝に付き添っていたアンが、誰かが持っていたカップラーメンを見つけて、国枝に食べるように促した。栄養摂取にも最善を尽くしなさい。このアドバイスは現役時代を通じて、常に諭され続けた。

技術の礎となった3万球理論

2024年1月、私は全豪オープン取材でメルボルンに滞在中、会場のすぐ近くにあるアンのオフィスを訪ねた。国枝に渡したあらゆるメモ、パワーポイント、写真を用意して待っていてくれた。

「私は大学で、ヒューマン・ムーブメント、身体運動を力学的観点から解明するバイオメカニクスを学び、修士課程では栄養学、さらに博士課程では臨床心理学を学びました。なので、スポーツ科学についての全般的な知識は持っていました」

ただ、2005年、初めてTTCに招かれたときは、車いすテニスのアスリートを指導した経験がなかった。だから、予習のために当時、世界ランキング1位だったミカエル・ジェレミアス（フランス）の映像を取り寄せた。そのときのトップがどんなプレーをしているのかを学ぶ必要があったからだ。

TTCに行くと、国枝らの動画を撮った。フォアハンド、バックハンド、そしてアプローチ、スライス、トップスピン、すべてのストロークについて。そして、伝えた。

「ミスがない完璧なストロークを完成するには、これまでのクセを矯正するために筋肉の記憶を上書きする必要がある。そのためには、それぞれのショットについて3万球、打ち込まないといけない」

国枝の技術の礎として知られる**「3万球理論」**は、アンの教えだった。

通訳していた吉田が、まず驚いた。

「日本語に訳しながら、心の中で『私には無理〜』とぶっ飛びました」

「3万球理論」を初めて聞いたとき、私は単純にフォアハンドで3万球という理解だった。しかし、違った。甘かった。

テニスの場合、毎回、同じ高さのボールを打つわけではない。大まかにいっても、打点が高い、真ん中、低いの3種類ある。当然、フォアハンド、バックハンド、ボレーもある。ドライブショットもスライスもある。

「それぞれ3万球やることで、ようやく体に染みこんでいくというのがアンの教えでした。気が遠くなるような練習量ですけど、その土台があったことで、僕はミスが少ない堅実型の選手になれたと思ってます」

反復作業を愚直に続ける胆力を持っていた国枝は、そう感謝する。

技術面はふだん、長年二人三脚で世界と戦ったコーチの丸山弘道と国枝の2人で磨きをかけたが、時折、アンがアドバイスすることがあった。

吉田の述懐に戻る。「例えば、もっとボールを早くとらえる、打点を前にしたほうがいいと感じたら、アンは短いキーワードで伝える。『打点をもっと前に』だと長すぎるので、打つたびに、すぐ脇で『早く、早く、早く』と言う。脳に意識づけすることに心を砕いていた」

アンのそばには、吉田がいることが多かった。コーチの丸山と国枝が日本語でやりとりしているとき、大事なポイントに言及していると思えば、それを吉田がアンにさりげなく伝える。そうすることで全員の共通理解が深まり、改善点が明確になる。

そうした意味でも、語学力とテニスに技術的な知識を兼ね備えた吉田仁子の存在は、言葉の架け橋として欠かせない存在だった。

■　■　■　■　■

フィジカル面でもアンの助言は大きかった。

アンはパラリンピックの陸上短距離で3大会連続金メダルに輝いたオーストラリアのジョン・リンジーから「1日に20キロ、走り込んでいる」と聞いていた。

世界のトップになるには、それくらい負荷をかけないといけないのか。アンは国枝に同じレベルを求めた。

「シンゴは当時、持久力のトレーニングを1日数キロ程度しかしていなかった。車いすテニスは長ければ、1試合で3時間、ボールを追い続けることもある。それを耐え抜く体力が必要になる。持久力、心肺機能、敏捷《びんしょう》性、反応時間、あらゆる数値に基づき、改善を図りました」

国枝の周りには、すでに信頼できるスタッフがいたことも大きかった。

「TTCにはすでにホルスト・ギュンツェルという優秀なテクニカルディレクターがいて、プログラムを作っていた。アミさん（安見《あみ》拓也）というアスレティックトレーナーが選手たちの体のメンテナンスを担っていました。コーチのマル（丸山弘道）を含め、シンゴを支える頼もしいチームがありました」

TTCではアンを招く前の2002年の時点で、ギュンツェルの監修による車いすテニスのフィットネストレーニングを体系立てて発表している。102のスライドと50の動画で構成された大作で、国際テニス連盟の教材として20カ国以上に配られた。国枝は心技体を高める環境、周囲のサポートに恵まれていた。

「テニスがつまらない」

2006年1月の全豪オープンで金言を授けられ、フィジカル面、栄養面を含めてアンの薫陶を受けた国枝の躍進は目覚ましかった。5月、福岡県飯塚市で開かれたジャパンオープンで初優勝した。10月には悲願の世界ランキング1位に上り詰めた。

「ポジティブな心の持ちようで、こんなにも変われるものなのか」

国枝が自分でも驚くほどだった。

だが、世界1位に駆け上がったことで、心に空白が生まれた。いわゆる燃え尽き症候群になりかけた。

それまでは自分より上の誰かを目標にして頑張っていた。それがなくなった喪失感。

「テニスがつまらない。何のためにボールを追いかけているんだろう」

そんな自問自答の日々が、3カ月ほど続いた。スランプから抜け出せたのは発想の転換だった。国枝はターニングポイントになった大会を覚えていた。

「米国のフロリダでの大会でした。初戦で圧勝したとき、対戦相手ではなく、内なる自分との戦いに目覚めたんです」

まだ打つのが苦手なコースがあるし、ミスだってゼロではない。まだまだ自分は未熟で、向上の余地はある。もっと強くなれる。

「そう気づいて、練習でも1球打つごとに喜びを感じられるようになりました」

こうして「絶対王者」、国枝慎吾の扉が開かれた。

2007年に初めて、4大大会をすべて制する**「年間グランドスラム」**（当時の車いすの「4大大会」は全豪オープン、ジャパンオープン、全英オープン、全米車いすテニス選手権）を獲得した。

そうした活躍が認められ、第2回「バカラ・アスリーツ・オブ・ザ・イヤー」にフィギュアスケートの安藤美姫、陸上ハンマー投げの室伏広治とともに選ばれた。前年の第1回は国枝があこがれるロジャー・フェデラー（スイス）が受賞していたことも、より名誉に感じられた。

10月、都内のホテルで開かれた表彰式で、国枝は車いすテニスに励む子どもたちに向けて、決意を口にした。

「この賞をいただいて、車いすテニスがスポーツとして認められたことを誇りに思います。これから頑張ろうという子たちに何かできることがあれば助けていきたい」

ただ、この時期、国枝はモヤモヤした気持ちを抱えていた。

麗澤大学を卒業し、そのまま母校の職員をしながら、ツアーで海外を行脚する日々を送っていた。大学職員として生活は安定している半面、アスリートとしてテニスに打ち込んでいることのリスクもあると考えていた。

海外遠征で不在な期間が長いと、仕事に割ける時間は短くなる。雇う側にしたら、重要な仕事は回しにくい。仮に30歳で引退して、その後、社会人として評価される仕事ができるのか。

「遠征も出張扱いで行かせてもらえるし、貯金もある程度たまっていくけれど、引退した後、同僚に後れを取っている自分が想像できた」

■　■　■　■　■

「年間グランドスラム」の栄誉を手にしても、ふだんの生活に変化はなかった。すでに世界ランキング1位にもなっていた。車いすテニスの仲間からも、なんでそこまでテニスに打ち込むのか、と問われもした。

「自己満足のためにやってます」

自虐的ともいえる言葉しか返せない、もどかしさ、むなしさがこみ上げてきた。

当時抱えていた思いを、国枝が振り返る。

「世界1位になっても、こんな暮らしか、という思いでした。これでは自分の後に車いすテニスをめざす子どもたちに夢がない、とも思っていました」

プロのアスリートという選択肢はないか。そんなアイデアが国枝の中で徐々に膨らんでいった。

周囲の反応は賛否が割れた。

2021年に亡くなった父の良一は反対だった。実家から近い麗澤大学で働けば、暮らしには困らないし、現役を引退した後も雇ってくれるなら安心という親心からだった。

TTCの理事長、吉田宗弘も消極的だった。国内随一の車いすテニスの環境を整備し、競技への理解も愛情もある人だからこそ、日本で過去に例がない車いすテニスのプロ選手の可能性について懐疑的に捉えていたとしても、自然なことだ。

理事長の長女、吉田仁子は強く背中を押した。大学時代を米国で過ごした経験から、日本にありがちな「前例がないからダメ」といった固定観念が、彼女にはなかった。

「北京パラの直前ごろは強くプッシュしました。車いすテニスの選手で、あなたぐらい実力があって、タイトルもある人はいないでしょ。プロになれないほうがおかしい、絶対おかしい！と慎吾くんには言っていました」

金メダルでつかんだ契約

そんなタイミングでアン・クインがＴＴＣに指導にやってきた。国枝は自分の環境を変えたい気持ちを相談した。これまでも国枝に前向きな気持ちを吹き込み、背中を押してくれてきたアンのアドバイスは、いつだって明快だ。

「すぐに行動に移すべき。あなたは世界を舞台に戦っているのだから、海外でツアーを転戦するのに、航空券、ホテルの手配など煩雑な作業がある。そうしたことをマネージャーに任せることができたら、今よりももっと自分の体調管理、技術の習得に時間を割ける。行動に移しなさい」

具体的に売り込む先として、多くのテニスのトッププレーヤーたちをクライアントに持つ大手マネジメント会社、ＩＭＧとオクタゴンの2社を挙げてくれた。それは世界的なネットワークを持ち、さらにテニス界での実績が豊富という理由だった。

アドバイスはそこで終わらない。アンが懐かしそうに当時のことを話してくれた。

「ただ、そうした大手のマネジメント会社も、車いすテニスの選手と契約した実績、経験はないと思った。なので、シンゴが売り込むための履歴書作りを手伝いました。それまでに獲得したタイトルなどの実績、そして、自分の活躍が載っている新聞、プレーしている最高の写真をすべて盛りこんだプレゼン資料を作ることを促しました」

これも運命なのだろう。ちょうどそのころに催されたのが、バカラの表彰式だった。一緒に受賞した安藤美姫は当時、ＩＭＧとマネジメント契約をしていた。そんな関係で、国枝はパーティーのとき、ＩＭＧジャパンの社長、菊地広哉《こうや》と挨拶する機会に恵まれた。

「菊地社長と名刺交換をして、ＩＭＧの話をアンともしていたので、タイミングが良かったんです。おー、ＩＭＧじゃん！　ちょうど連絡しようと考えていたんだって思いました」

善は急げ、だ。翌日、国枝はＩＭＧジャパンの代表電話ではなく、名刺にあった菊地の携帯にかけ、面会を依頼した。トップへの直談判に度胸、本気度がにじむ。自分で決断をしたら、すぐ動く。やりたいことを躊躇《ちゅうちょ》してはもったいない。それが国枝流だ。

当時、恵比寿にあったＩＭＧジャパンの応接室で菊地と会うことになった。国枝の述懐はこんな感じだ。

「社長に汗だくでプレゼンしました。自分がこんなところに売り込みに来て良かったのかな、という思いが頭をかすめましたよ」

でも、言うべきことは言った。北京パラまで1年を切っていた。まずは、そこで自身初となるシングルスの金メダル獲得が目標だった。

「お金の話もきちんとしました。今どれくらい収入があって、どれくらいをめざしてやりたい、と。あとは年間、どれくらい大会を回って、いくらぐらい経費がかかるとか」

■

■

■

■

■

菊地に聞いてみると、初めて国枝に会ったパーティーでの光景を覚えていた。

「国枝さんと、ハンマー投げの金メダリスト、室伏さんが、筋肉談義をしていたんです。国枝さんの背筋の強さを室伏さんが触って、感激して解説していました。私もそれを聞いていたんですけど、そこで名刺を交換しました。そうしたら翌日に、国枝さんから、『ご相談があります』と携帯に連絡がありまして、会うことになったんです」

国枝は単刀直入に尋ねてきた。IMGは多くのテニス、ゴルフのプロ選手をマネジメントしていて、テニスは世界ランキングのトップ10のうちの5人程度と契約している。それは健常者でないとダメなんでしょうか、と。

菊地はこのとき、車いすテニスの試合を見たこともなかった。

「まず社内で検討します、と伝えたんですけれど、その面談のときの国枝さんの真剣なまなざしが忘れられなくて。パーティーのときのニコニコした表情と全く違って。違う人が来たんじゃないかと一瞬感じたくらいです。試合のときの表情と同じでした」

まっすぐに目を見て話す国枝の本気度を感じ、適当なことは言えない。

「これは断れない、と覚悟を決めました。ただ、プロとしての活動となると、今の仕事を辞めることになる。収入源となるスポンサーを我々が見つけられるだろうか、という不安がありました」

■
■
■
■
■

国枝の記憶をたどると、方向性が出たのは２００８年５月ごろだった。

「北京パラが開幕する４カ月ほど前に、ＩＭＧからいただいた答えが、『北京が終わってから話を詰めましょう』だったんです。『北京で金メダルを取ってからにしましょう』だったか、細かいところまでは記憶にないですけど」

まずは車いすテニスが最も注目を浴びる舞台で、結果を出してもらえませんか、というテストだと受け止めた。

「自分としても、北京で勝たないと始まらないと思っていましたし、逆に金メダルを取っていなかったら、プロになるなんて、怖くてできなかったと思います」

逆に言えば、強さを証明できればいい。自分の力で扉を開けられる権利を得た。

自分の力を出し切れば、達成できる手応えもあった。

■　■　■　■　■

2008年シーズン、国枝は30戦全勝と、一度も負けていない中で、北京パラを迎えた。北京に入る前、仙台での直前合宿で、細菌がのどに感染し、合宿を途中で切り上げなければならないアクシデントもあったが、北京入りしたころには体調面の心配は消えていた。

1回戦は6－1、6－0、2回戦は6－2、6－1、3回戦は6－1、6－1、準々決勝は6－0、6－1、準決勝は6－1、6－1。スコアを並べただけで、その圧倒的な強さは一目瞭然だ。

決勝はアテネパラの金メダリスト、ロビン・アマラーン（オランダ）との対決となった。北京に向けて磨いてきたバックハンドのダウンザラインのショットが要所で決まる。第1セットを6－3で奪い、第2セットは1ゲームも落とさず、6－0。最後は緊張した相手のダブルフォールトで勝利が決まった。

感情を爆発させ、ラケットを放り投げた国枝は、天を仰いだ。

2008年9月、北京パラリンピックで、
初めてシングルスで金メダルを獲得した。
(写真：アフロスポーツ)

「金メダルを獲得した瞬間、『よし！　プロになるぞ。次のステップに踏み出せるぞ』と思っていました」

金メダルの有無によって人生が変わるという緊張感は相当なものだったのだろう。充実の北京パラを終えた国枝は、それまでの疲れを癒すために、１カ月半の休みを取っている。その間、ラケットは握らなかった。

日記に残るプロの覚悟

国枝が長年、書き留めてきたノートの中に、２００８年11月９日の日付で、「テニス日記スタート」で始まるものがある。

表紙には「ＢＨダウンザライン」。「ＢＨ」とはバックハンドの意味で、サイドラインを射抜く「ダウンザライン」は、国枝の得意とするショットだ。
表紙を開いた左側には、黒の油性ペンで力強く、こう書かれている。

「向上心　まだまだ上手く、強くなれる！」

冒頭には決意も書かれている。
「4日（火）にコーチとミーティング。北京を終え、ロンドンでの単複金を目指すと誓う」

2012年ロンドンパラに向けての仕切り直しだ。
日記を始めるにあたっての〈ルール〉を決めていた。

①練習後、帰る前にTTCで書く。
②毎週日曜に1週間の成果・気づいたことをまとめる。
③月曜にコーチに提出、チェックをしてもらう。

さらに、「テニス日記」の狙いについても、3点挙げている。

・自分自身のテニスのチェックポイントを頭に焼きつける
・コーチとの交換によって、互いの問題意識を共有する
・自分の進歩を確認していく

世界のナンバーワンの選手が慢心とは無縁に、継続は力なりでさらなる進歩をめざす姿勢が見える。

しかも、その努力のプロセスを、信頼するコーチと共有し、整理し、可視化していくのだから、恐れ入る。もっとも、最高峰の祭典であるパラリンピックの決勝で、し

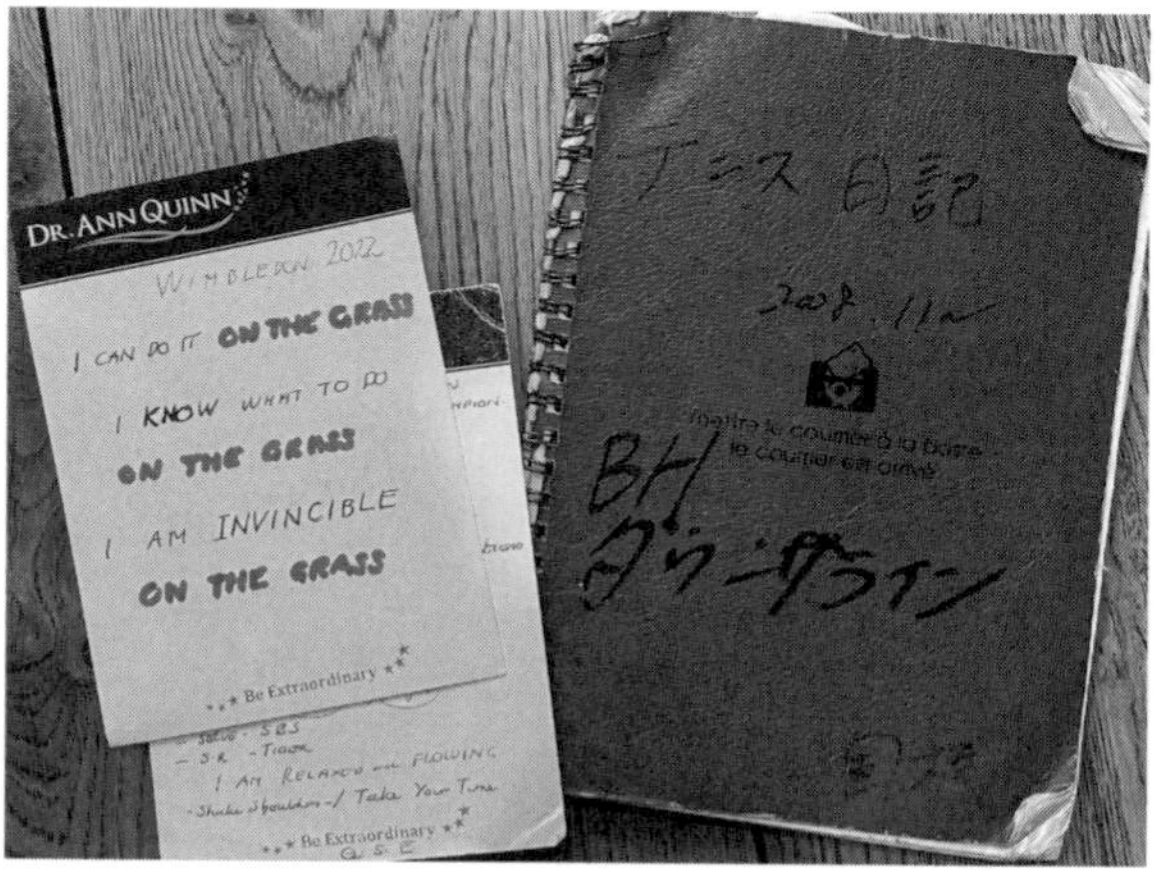

選手時代に書き留めていたノート。(写真：本人)

かも、前回の金メダリストに圧勝したのだから、最大のライバルを「昨日の自分」と見定めるのは、ロジカルでもある。

それにしても、丸山との「交換日記」は、第三者が読むと気恥ずかしくなるほど、丸山の愛情がにじみ出す。２００９年の全仏で優勝した後、こんな記述がある。

決勝戦のファイナルセットで押されていた時も、俺は笑って慎吾を見てた時、慎吾は俺の顔を見て笑った時は、絶対勝てるなと思ったよ。何度でも言うけど、今までもそうだけど、これから先どんなことがあっても、慎吾が負けることは一生想像しないと思ってる。とにかく引退するまで信じ抜くことは俺の心の中で決まっています。

これほどストレートに全幅の信頼を伝えられるものなのか。

それから約１カ月後のウィンブルドン選手権の振り返りでは、国枝が今後の課題として「リスクを負った攻撃をすること」「意識的にもう少し力を抜いてプレーしてみる」という点を挙げた返信として、丸山はこう紡ぐ。

慎吾自身は、多くの色々な場面でリスクを背負うことに慣れて、それが当たり前に思っているところが素晴らしくもあり、私のような普通の人間にとっては〝重すぎ〟ではないかと感じています。最後に書かれた意識的に力を抜くこと、これがポイントかと思います。これが無意識にできる時には、本当に強い選手になってというか、慎吾が目指す選手に近づけることなのではないかと思います。

2011年1月28日には、こんなメモも渡している。

※「負けないため」ではなく、「勝つため」のプレイをする。
※「リスク」よりも「停滞」を恐れること。
※「努力」と「挑戦」を止めれば「勝ちの流れ」も止まってしまう。

こうしたマインドセットについての助言に加え、ふだんは試合ごとに国枝が戦術的な振り返りと今後の課題を挙げた後に、丸山が感想を書く形で「日記」は続いた。

また、「〇〇戦を前に」と題して、次の対戦相手の傾向と対策を、丸山なりに詳細に書くことも習慣化していった。最後は必ず「Good Luck Shingo!!」のエールとともに。

こうした濃密な二人三脚によって、国枝は成長し続けた。

■　■　■　■　■

プロ転向に至った経緯についての話に戻る。

２００８年12月8日の日記に「ＩＭＧ訪問」の記述がある。

ＩＭＧが国枝との「代理人契約」をしたのは、12月22日付だった。

北京での金メダルで、ＩＭＧとのマネジメント契約をかなえた。プロアスリートの第一歩を踏み出す記念日ともいえる。


ＩＭＧジャパンの社長、菊地はスポンサー探しに着手した。

ユニクロを手がけるファーストリテイリングの社長、柳井正の次男で、当時は三菱商事に勤務していた柳井康治《こうじ》と面識があり、相談を持ちかけた。小中高の各年代で全国大会に出場するなど、テニスに造詣が深い康治は、国枝の存在を、ある有名な逸話を含めて知っていた。

２００7年のことだ。日本の記者が、男子テニス界で絶対的な強さを誇っていたロジャー・フェデラー（スイス）に、「なぜ日本のテニス界からは世界的な選手が出ないのか」と質問すると、フェデラーは、こう異を唱えた。

「何を言うんだ君は？　日本にはクニエダがいるじゃないか」

このフェデラーとのエピソードを含め、国枝の実力、実績を知っていた康治は、自分が父に事前に打診しなくても、スポンサー契約の交渉はうまく行くだろうという思いがあった。

なので、菊地にはこう伝えた。

「正面からアプローチすれば大丈夫です。それぐらい、国枝さんはすごい人ですから。父はテニスのことなら僕に聞いてくるでしょうし、そのときは側面支援というか、大いに推薦しますので」

1カ月ぐらいして、当時、九段下にあったユニクロの本部を国枝と訪ねた。受付に行くと、すぐに社長室に通された。

菊地が振り返る。「座った瞬間に柳井さんがすぐ、『君ってすごいんだってね』という話から始まりました。『いいですよ、応援します』という形になり、遠征などの活動費の基礎となる金額のコミットメントをいただいたんです。人を見る目がある方なんだな、と感じました」


のちに柳井康治は、父の正から、こう言われた。

「お前、国枝慎吾というすごい車いすテニス選手がいるのを知らないだろう?」

康治は、こう返した。

「いやいや、知っているも何も、あのフェデラーが日本には国枝がいるじゃないかと言ったほどのプレーヤーですよ。なので、すごいのは知ってますよ」

「そうか、やっぱりそんなにすごいのか」

柳井正は改めて感心した様子で、そうつぶやいたという。

■　■　■　■　■

2009年4月13日、25歳だった国枝は、東京都内で記者会見を開いた。テレビカメラ8台、50人以上の報道陣が集まる中、日本人の車いすテニス選手として、初となるプロ転向を表明した。

「障害がある子どもたちが将来、車いすテニスの選手になりたいと思うように、自分のレベルを上げて、魅せながら勝つ選手になれるように努力したい」

2008年、健常者の男子テニスで最も賞金を稼いだのはウィンブルドン選手権初優勝などを成し遂げたラファエル・ナダル（スペイン）の677万3773ドル（当時のレートで約6億5700万円）。一方、車いすテニスでは、年間で稼げるのは最高でも500万円を超える程度だった。

しかも、前年に起きたリーマンショックに端を発する金融危機で、日本の企業もアスリート支援などスポーツへの投資に二の足を踏む経済状況でもあった。

それでも、国枝は力強く語った。

2009年8月、ユニクロとの所属契約を結ぶことを発表する記者会見に、ユニクロの柳井正社長と臨んだ。（写真：朝日新聞社）

「それ以上に、この世界でやっていきたいという気持ちが上回った」

■■■■■

引退した後、国枝と当時の記者会見の映像を確認した。

「生意気そうな顔をしていますね。あのころ。いい意味で、野心があるような感じはしますね。成功してやろう、という気持ちにすごくあふれてましたね」

一歩踏み出す勇気を持っていた、25歳の自分を褒めるような口調だった。

■■■■■

2009年8月にユニクロと国枝との所属契約が発表された際のプレスリリースには、こう記されていた。

「世界のトッププレーヤーとして戦う国枝選手は、世界No・1のグローバルアパレルリテーラーを目指すユニクロにとって、真に共感できる存在です。今後、

「ユニクロは国枝選手の競技にチャレンジ姿勢に刺激を受けながら、世界を舞台に更なる高みをめざしてまいります。」

国枝は引退後も、ロジャー・フェデラー、錦織圭らとともにユニクロの「グローバルブランドアンバサダー」として、関係が続く。

ユニクロとの所属契約をはじめ、複数のスポンサーがついたことで国枝の競技環境は安定し、力強さも増していった。

2009年から2010年の4大大会のうち、シングルス部門がまだなかったウィンブルドン選手権をのぞく三つの大会は、この2年間、すべて優勝した。

2007年11月の世界マスターズ選手権の準決勝で敗れてから、2010年11月の同じ大会の準決勝で敗れるまで、107連勝という大記録も打ち立てた。

手術を乗り越えた先の栄冠

2012年ロンドンパラへの道のりは順風満帆とはほど遠かった。

2月、2年ほど痛みに悩まされていた右ひじの手術に踏み切った。

復帰したのは3カ月後、5月半ばのジャパンオープンだった。硬式球を打ち始めて、まだ3週間ほどで、8カ月ぶりの実戦を迎えた。

痛みは消えていたが、準決勝でステファン・ウデ（フランス）に2－6、4－6でストレート負けした。

「3週間でここまで勝ち上がれたのが収穫です。復帰戦で優勝するのは面白くない。ロンドン・パラリンピックに向けて、いいドラマができたと思っています」

報道陣の前で弱音を吐くことはしない主義の国枝は、あえて勝ち気な言葉を選んで、自らを奮い立たせた。

アンに教わった「オレは最強だ！」と口に出して叫ぶルーティンも、復活させていた。北京パラで金メダルを取った後、もう自分の心に染みこんだと考えて封印していた日課を再開した。

国枝は2月の手術のとき、アンに連絡を取っていた。球を打てない時期が2、3カ月あるので、不安になるときも、きっとある。そこで、授けられたのがロンドンへの決意を固めるイメージ作戦だった。

自分のｉＰａｄにロンドンパラの会場のセンターコートの写真を壁紙としてダウンロードして、それを見ながら、優勝して最後はガッツポーズを決めているイメージを描きなさい、という指令だった。

国枝自身、その効用は大きかったと認める。

「手術を受ける前から、それこそ、パラの決勝の前夜まで、そのイメージトレーニングは欠かさずやりました。それをすることで、不安が消えていくというか、着実に日々の練習に打ち込めたことは大きかったです」

ロンドンパラのスコアは、北京に劣らず、対戦相手との力の差を裏付けする圧勝続きだった。

１回戦は６－０、６－０、２回戦も６－０、６－０、３回戦は６－０、６－２、準々決勝で６－０、６－２、準決勝は６－２、６－２。

１セットも落としていないどころか、１ゲームすら失わないセットが10ゲームのうち６

ゲームと、6割を占めた。

決勝は5月に、けがからの復帰戦となった大会で敗れたウデとの対決となった。

国枝は決勝直前のトイレで、2時間前に食べたおにぎりをすべてもどしてしまった。緊張から来る重圧が押し寄せたのだろう。ふつうの感覚だと、食べ物も受け付けない自分に心の弱さを感じ、さらに硬くなっても不思議ではない。ただ、国枝には、ここでもアンから長年、言われ続けている言葉があった。

ビッグタイトルがかかった大一番になると、国枝は試合開始の数時間前から雑音すら気になる神経質な面があった。コーチやトレーナーら身内の人間でも近寄れないくらい、苛《いら》立《だ》ちを覚える状況になることもあった。

アンはこう語りかけた。

「それは良いサイン。周りの話し声とか、ちょっとしたことが気になるのは、五感が研ぎ澄まされている証拠だから。そもそも、緊張するのは何か大きなタスクを成し遂げるために、戦闘モードに入ったということ。勝負に挑むのに理想の状態なのだから」

国枝は、こう理解した。緊張は戦う上で欠かせない要素なのだとしたら、「緊張しないようにしなきゃ」ではなく、「緊張イコール準備ＯＫ」という発想の転換だ。

このマインドは、トップアスリートに限らない。草の根のテニス愛好者もそうだし、人生の岐路に立つ受験生にとっても、「お守り」となる至言だ。

ロンドンパラでの決勝の直前、食べたおにぎりをもどしたとき、国枝は確信できた。

「今の自分は緊張しているぞ。絶対に勝てるな」

2012年9月、ロンドン・パラリンピックの男子シングルスで２連覇を飾る。
(写真：長田洋平/アフロスポーツ)

宿敵といえるウデに6－4、6－2とストレート勝ちして、男子シングルスでは前人未到の2連覇を成し遂げた。

最後のポイントは国枝のサーブをウデがリターンできずに決着した。両腕を大きく広げてガッツポーズを決めた国枝は、スタンドで見守っていたコーチの丸山の元へ駆け寄り、熱い抱擁を交わした。

ロンドンは国枝にとって、車いすテニスの「プロ」としての実力を証明しなければならない舞台だった。

「プロフェッショナルとして、世間の注目を集めるには、勝ち続けるしかない」

そんな決意、いや覚悟を有言実行で成就させた。

■　■　■　■　■

スポーツの世界はライバル物語が欠かせない。歓喜と落胆の交錯。アスリートは好敵手がいて、勝ったり、負けたりを繰り返すことで、互いに切磋琢磨し、その競技のレベルも上がっていくのが常だ。それでこそ、世間の注目度も高まる。

男子テニスではロジャー・フェデラー（スイス）とラファエル・ナダル（スペイン）の2強時代があり、そこにノバク・ジョコビッチ（セルビア）、さらには2012年ロンドン、2016年リオデジャネイロと五輪連覇を果たしたアンディ・マリー（英国）も加わり、「ビッグ4」と呼ばれた。

その時代の大半は、国枝の全盛期と重なる。

男子テニスでこの「ビッグ4」が4大大会のタイトルの大半を占めていた黄金時代と比べると、国枝にはしのぎを削る同志が見当たらない。北京、そしてロンドンの圧倒的なスコアでの連覇は、本当の意味でのライバル不在をうかがわせる。「絶対王者」というより、むしろ、「孤高の王者」としての寂しさ。そんなことすら感じさせる、強さを誇っていた。

提供：Bob Martin/IOC/OIS/アフロ

第3章 常勝の重圧

錦織圭が脱帽したチェアワーク

「絶対王者」となった国枝慎吾は、どのような思いを抱えながら、前人未到の道を歩んできたのか。一流だからこそ、一流の領域に到達したアスリートのすごみがわかるのではないか。そう考えた私は、国枝が会ってみたいと話した人たちとの対談を企画してきた。「常勝」の重圧を肌身で感じてきたビッグネームとは、共鳴し合う点が多い。

まずは、テニス界の同志である錦織圭に登場してもらおう。改まって対談するまでもない、テレビゲーム仲間であり、共にユニクロ所属の「グローバルブランドアンバサダー」として、イベントで一緒になる機会も多い。

テニスの4大大会は健常者の部の大会後半、車いすテニス部門が同じ会場で開かれる。敗者は荷物をまとめ、早々に帰路につく。観光を楽しむ気分になんてなれないし、次の戦いの地へと旅立つ。

2014年ごろから、錦織がベスト8に勝ち上がる頻度が増えたことで、次第に国枝と顔をあわす機会が増えていった。2014年の全米オープンは、錦織にとって忘れられない記憶だ。アジア人として4大大会の男子シングルスで初の決勝進出を果たした大会だ。

その快挙から2年後、国枝について聞いた。

印象深いシーンとして錦織が挙げたのが、やはり、2014年の全米オープンだった。

「勝ち進むにつれ、広いトレーニングジムで汗を流す選手がどんどん減っていったんです。とくに最後の3日間ぐらいは、大会序盤はあんなに人がいたのに、僕と国枝さんしかいない場面が何回かあって。なんか日本人2人ですごいなあ、と我ながら思っていましたね。

国枝さんが、『試合すごかったね』と声をかけてくれたのを覚えています」

この年、全米オープンのシングルス、ダブルスの2冠に輝いた国枝の記憶はもっと鮮明だった。

錦織が世界ランキング1位のノバク・ジョコビッチ（セルビア）を破った準決勝をジム内にあるテレビで見ていた。

「帰ってきた錦織くんを待ち受け、イエーイ！とハイタッチで祝福しました」

先に世界の頂点に立ったのは国枝だ。初めて世界ランキング1位になったのは、2006年秋だった。

■ ■ ■ ■ ■

2007年、国枝は当時の「車いすの4大大会」と称されていたオーストラリア、フランス、日本、米国での主要大会をすべて制した。「年間グランドスラム」の完成だ。ちょうど、錦織がプロに転向したのが、この年になる。

先に紹介したように、あのロジャー・フェデラー（スイス）が、「なぜ日本のテニス界からは世界的な選手が出ないのか」という日本人記者の質問に対し、「日本にはクニエダがいるじゃないか」と発言したのも、このころだ。

幼いころからフェデラーにあこがれてきた錦織は、その逸話を知っていた。2016年のウィンブルドン選手権を直前に控えたころのインタビューで聞いた。

「そりゃあ、知っていますよ。ロジャーにも国枝さんは知られているんだ。すごいなあと思いました」

このとき、国枝の強さを分析してもらった。

「メンタルがとにかく強いと思う。約10年にわたり、ほぼ世界ランク1位を保ち続けるのは並大抵じゃない。トップレベルになればなるほど、勝負を分けるのは紙一重の違いだから。勝利が近づくにつれて、緊張で力みが出たりするのが自然なのに、そうした状況で勝ちきる、いつも勝ちきるのはすごい」

自身も、その世界に身を置く錦織だから、説得力がある。

錦織は車いすテニスをイベントで体験したとき、ボールをとらえる位置まで移動して、最適なボールとの距離を調整する大変さを味わっている。足で細かくステップを踏んで微調整を繰り返せる自分との違いを実感していた。

採り入れていた錦織の回り込み

2015年11月、2人は東京・有明コロシアムでのチャリティーイベントで直接対決した。国枝の言葉を借りれば、「錦織くんは実力の2%も出していなかったはず。僕は必死に頑張りましたけど」。試合は12－10で国枝が勝った。

もちろん、錦織は本気ではなかっただろうが、国枝がバックハンドで順回転のスピンをかけてクロスに放った強烈なショットを、返球し損ねた場面があった。わざとではなく、明らかに追いつけなかった。

錦織にそのときのことを振り返ってもらった。

「想像より速い打球が来たんです。バックの片手打ちで、あれだけ強力なスピンがかけられるのは、相当な筋力と肉体の調整力がないと無理です」

■ ■ ■ ■ ■

国枝が引退してから1年近く経った2023年の師走、改めて国枝慎吾のイメージを錦織に聞いた。

「基本、尊敬しかない」

もう少し具体的な説明を頼んだ。

「圧倒的な勝率とかは当たり前ですけど、練習に取り組む姿勢ですね。僕もまじめなタイプですけど、国枝さんは練習からこれほど全力で取り組むのか、というくらい。見た目の気迫と、あまり話しかけられない雰囲気。試合に関しては勝って当然、というプレッシャーとの戦い。自分が経験したことがないから、想像もつかないけど、１００連勝とか……」

一方、国枝が錦織を語るときの目線は、どこかファンのまなざしが交じる。

「錦織くんのプレーには遊び心がある。とにかく堅実のジョコビッチとかと違う。日本人だからというのと関係なく、そのスタイルが好きです」

2015年11月、東京・有明コロシアムでの
チャリティーイベントで錦織圭と
対決した。（写真：朝日新聞社）

錦織は、ボールを打つ準備動作でラケットを引くテイクバックをした後、最後の最後まで、どっちの方向にショットを打つかがわからない。ほかの選手より、「ため」が長く感じられる。

ストレートか、クロスか、逆クロスか。相手は左右、どちらに打球が来るか、予測しづらい。

「それに、ネット際にポトリと落とすドロップショットも正確ですからね」と国枝は付け加える。

左右に加え、前後、さらに緩急の揺さぶりも交ぜるから相手は手を焼く。

錦織のプレーを見て、国枝は自分の戦術に採り入れていた。

「僕もフォアの回り込みは多いので、その辺は、錦織くんのプレーが参考になる。彼は連続してフォアで回り込んで打つじゃないですか」

自分のバック側に相手の返球が来るのを予測し、回り込んでフォアで強打を打ち込むテクニックだ。ストレート、もしくは逆クロスへ。相手が動く方向の逆を取れば確実にポイントになる。国枝は話を続けた。

「僕もストローク戦を支配しているときは、けっこうやる。攻め方としては似ている部分だと思う」

■■■■■

2022年のウィンブルドンのとき、ふだん健常者のテニスをどれくらい参考にしているか、国枝に聞いた。

――国枝選手はフェデラーが好きですけど、今大会、ジョコビッチが2セットダウンからシナーに大逆転勝ちするなど勝負強さを発揮している。トップ選手の試合をけっこう参考にしているんですか?

「見ますね。やっぱり、勝つんだなあと思いますね。ジョコビッチも、ナダルも。もうボロボロな感じの状態からでも勝つのかあ、本当にすげえな、と思いながらいつも見ています」

――勝負強さに関しては、国枝さんも同じカテゴリーに入るのでは?

「同じカテゴリーなんて恐れ多くて言えないですけど、でも、ジョコビッチはなんかこう、僕が言うのもなんですけど、ちょっと参考になる部分はありますね」

深掘りしたら、興味深そうな流れだ。さらなる解説を頼んだ。

「人並み外れたパワーがあるわけでもないし、ものすごいビッグサーバーなわけでもない、という意味で似ている気がして。フォアハンドも、バックハンドもすごくうまいけれど、球の威力だけなら、もっとパワフルな選手はいる。車いすテニスで僕よりもっとパワーのある選手はいる。それでもジョコビッチは最強というところが勇気と自信をもらえるところです」

――あこがれは、フェデラーだけど、自分と重ねるのはジョコビッチ、ということ?

「ビッグ3でいえば、フェデラーは繊細なタッチとか、天性のうまさという感じがするじゃないですか。ナダルは圧倒的なパワー、練習なんか見ていても、すごい。ボールをぶっつぶす感覚の豪打ですし」

――興味深い比較です。

「そうですか? それと、僕はチェアワークは負けない。ジョコビッチも足のフットワークはすごいじゃないですか。そこも似ている気がする」

――改めて確認すると、あこがれはロジャーで、重ねるのはジョコ、と。

「そうなんですよ。勇気をもらえるところは、ありますね」

一瞬、間を置いて、国枝が慌てて言った。

「ジョコビッチのファンにたたかれそうですね、こんなことを言ったら。大丈夫っすか？」

国枝は車いすテニスと健常者のテニスには、観客やテレビなどの注目度に厳然とした差があることをわかっている。だから、自分とジョコビッチを重ね合わせて話すことが、一部で反発を招くのでは、という危惧だった。

心配は無用だろう。国枝の言葉からは、ジョコビッチへの最大級のリスペクトがにじみ出る。

ニューヨークでの松井秀喜の教え

「常勝」を義務づけられたアスリートは、いかにしてプレッシャーと向き合うのか——。

続いて、元大リーガーの松井秀喜との対談（朝日新聞・2015年9月27日朝刊）を紹介しよう。説明不要だろうが、「ゴジラ」の愛称で、巨人の4番としても長年活躍したスラッガーだ。

国枝は小学校3年までは野球少年だった。

祖父母が石川県出身で、松井が石川・星稜高時代に夏の甲子園で5打席連続敬遠をされた試合を、祖母と家でテレビを見ながら応援していた。千葉県柏市の実家には祖父母から松井のホームランカードが送られてきていた。純粋に松井のファンという側面もあった。

2015年の全米オープンで国枝が優勝を果たした翌日、松井が住むニューヨークで実現した2人の対談からは、「常勝」の重圧、緊張との向き合い方など、共感し合う部分が数多く見つかった。

松井「野球はチームスポーツで重圧もチーム全員で共有できるけど、テニスは一人。対戦相手だけじゃなく、自分の心との戦いもあるんでしょうね」

国枝「初めて世界ランキング1位になってから10年近いですけど、5年前の自分には100%勝てる自信がある。1年前の自分にも10回試合をしたら、8回は勝つ自信があります」

松井「追う背中がいないというのは本当に大変。僕は巨人、ヤンキースという常勝チームと縁があった。周りも4番を期待しているし、宿命づけられた中に飛び込んだ感じがあります」

2015年9月、ニューヨークで松井秀喜と対談した。（写真：朝日新聞社）

国枝「周りの誰もが、どうせ国枝が勝つだろう、と見られる中で、そこにのしかかるプレッシャーは10年たっても変わらない。でも緊張しているときほど良いプレーができるときが多い。武者震いする状況で、神経が研ぎ澄まされます」

松井「わかります。日本シリーズ、ワールドシリーズになると、周りの張り詰めた空気が自分を研ぎ澄まさせてくれる。僕も緊張は悪くないと思う。野球教室で子どもに教えるときは『思い切り緊張しなさい、その中で自分の一番良いものを出してごらん。それが本当の自信になる』と伝えています」

国枝は松井との対談で、「勝利への執念が世界で一番強い、と言い切れます」と話し、さらにこんなことも明かしていた。

「ここ1年半ぐらい、試合で負けていないんですけど、危ない試合もあるんです。だから4大大会で負けることを想像すると恐ろしいくらいです。負けた夜にチームと一緒に食事をするのも嫌ですし、だから、より完璧に相手を負かしたい、と思えます」

負ける恐怖から来るストイックぶり。そのすごみがにじみ出る告白だった。

今になって振り返ると、暗示的と思えるようなやりとりもあった。

国枝「だいぶ前ですけど、松井さんの『不動心』（新潮社）という著書を読みました」

松井「左手首を骨折した時に考えたことをまとめた本です」

国枝「本の中で『人間万事塞翁《さいおう》が馬』という言葉をよく使っていらして。自分自身も同じ気持ちで、車いす生活になったからこそ今の自分がいる。そうでなければ、こんなにエキサイティングな人生を送れていなかったかもしれません」

松井「大きいけがは手首の骨折が初めてでした。それまではプロ1年目の途中から1試合も休まず出続けてましたから。急に野球をやらない時間が訪れて、考える時間がある。ふつうに復帰するだけじゃ面白くない。けがをする前よりも良い選手になって戻る、そう思って過ごしていましたね」

対談のころ、国枝は絶頂期にあった。

2015年の全米オープンを制して、連勝は77に伸びていた。ただ、前哨《ぜんしょう》戦で首を痛めた影響でフォームにゆがみが生じたのか、この後、右ひじの痛みに悩まされ、そこから2年以上、低迷期にあえぐことになる。

松井が国枝に語った「ふつうに復帰するだけじゃ面白くない。けがをする前よりも良い選手になって戻る」という教え。国枝はそれを実践し、復活を果たした。

共感したミスとの向き合い方

国枝は松井から、凡退に終わったときの心構えについても助言を受けた。

松井「あと気をつけていたのは、凡退しても、あまり感情を外に出さないこと。そのほうがまた、次に打ちやすい。試合中は起きたことは忘れる。終わってから、良いことも悪いことも思い出せばいい」

国枝「僕もどちらかというと、試合が終わるまでは、次のポイントのことしか考えない。試合中は反省しない、とおっしゃっていたのは、まさにその通り。先日、将棋の羽生善治名人とお話する機会があったんですけど、対局中にミスをしても、絶対に反省をしてはいけない。反省した時点でダメになる。同じようなことなんだな、と。どんな分野でも、試合中の反省は、取り返しがつかない」

■
■
■
■
■

引退後、試合中にミスしたときの心の持ちようについて、国枝が話してくれた。

「僕は相手にポイントを取られても、あんまりイライラしないんです。自分はその1球に全力を尽くしているわけなので、そこには悔いがない。やられちゃったら、相手がうまいだけ。自分がミスをしたとしても、全力を尽くした上でのミスなので悔いはない」

くよくよ引きずってもプラスにはならない。時間の無駄。後悔先に立たず。スポーツの世界に限らず、人生全般にも通じる考えだ。

――トップ選手でも、感情を爆発させてラケットを壊す人がいますが。

「ツアーを回り始めたころ、たしかオーストラリアの大会で一度だけ、白熱した試合でポイントを失った場面で、ラケットを後ろのフェンスに放り投げて、危うくボールパーソンに当たりそうになったんですよ。本当に危なかった。そこで動揺して、ボロボロに崩れた。

醜い自分を責めたし、二度とこんなことをしたらダメだ、という戒めになりました」

ポイント間にやらなければいけないルーティンは山ほどあるという。

「怒っている暇なんてないんですよ。イライラしている暇がない。だって、次のポイントをどうやって奪うか。サーブならどこに打つか、リターンならどう返すか。ひと呼吸置くためにタオルを取りに行くとか、やるべきことがたくさんある」

――試合でも、1球たりとも無駄にしたことはない、と断言できるのはすごいです。

「どうでもいいと打ったボールは1球もない。たとえ、ゲームカウントが0－5で勝機が薄くても、体力温存のためにも、そのセットは捨てて、次から仕切り直そうとは思わない。

本当にすべてのポイント、もっと細かく言えば、すべてのボールに真摯に向き合ってきた自信はある。だから、試合に勝っても、負けても、ある意味、握手するときにはすっきりした気持ちでできた。

これだけ全力を尽くしてやってきたことだから、負けても悔いはない、仕方ない、と思える戦いはずっとしてきました」

胸を張って言い切れる。すがすがしすぎないか、と私は感じた。この言葉を聞いて、読者の皆さんはどうだろう。学生ならテスト勉強や部活動、社会人なら仕事の上で、日々最善を尽くしていると、自信を持って言い切れる人がどれだけいるか。

怠け心が顔を出し、その誘惑に負けて、後から自己嫌悪に陥る。それが大多数の凡人の日常ではないか。自戒を込めつつ、そう思う。

国枝のテニスにかける思いは、求道者《ぐどう》というか、仙人の境地にすら思えてくる。

■ ■ ■ ■ ■

松井との対談では、メジャースポーツであるプロ野球への国枝の憧憬、そして車いすテニスの人気をそのレベルへと少しでも近づけるための決意ものぞいた。

松井「野球は毎試合、何万人ものお客さんが集まります。そのお客さんが何を期待しているか。非日常的な雰囲気とか、自分たちの考えられないような球速やホームランの距離とか、ふだん味わえないような体験ができる。それが醍醐味《だいごみ》。すごいな、と思ってもらえるプレーを見せることがプロフェッショナルだと思いますよね」

国枝「車いすテニスは、まだまだマイナーなので、多くの人に見てもらい、面白いと思ってもらうことで、メジャーにしていきたい。一人でも多くの人に、国枝のプレーを見たいと思ってもらえるような活動をしていきたいです」

この対談から6年後、東京パラの復活金メダルで、自らの「集大成」となるパフォーマンスを披露することになる。

大横綱と重なった孤独

引退した後、国枝が「会ってみたい」と思う人がいた。

大相撲の大横綱、白鵬だ。

著名人が第二の故郷を訪ねる日本テレビ系の番組「アナザースカイ」に白鵬が登場したとき、国枝は横綱が歩んできた軌跡、抱えてきた思いに共感したという。それを聞いた私は「絶対王者」対談は面白いと思った。朝日新聞スポーツ部の相撲担当に相談したところ、2023年6月、ビッグ対談が実現することになった。

勝つことが当たり前で、負けるとニュースになる共通項を持つ同年代の2人。対談のとき、元横綱白鵬の宮城野親方は38歳、国枝は39歳。宮城野部屋の土俵わきが舞台のトークでは、現役時代に抱えた孤独について、盛り上がった。

■ ■ ■ ■ ■

対談では、国枝から自分の思いを吐露した。

「テニスには世界ランキングがあるんですけど、僕は一度、ひじのけがで思い切り挫折したんですよ。全然勝てない時期があった。それまでずっと横綱でいたのに、番付が小結ぐらいまで落ちてしまう感覚でした。

でも、ランキングが落ちるからこそ、チャレンジできる。世界1位のときって、『変えたいな』と思うショットでもなかなか変えられなかった。成功体験が邪魔して、変えたいのに変えられなかった」

続けて、国枝が質問を投げかけた。

国枝「横綱は調子が悪いときでも、横綱なわけじゃないですか」

白鵬「横綱の場合、小結まで落ちませんからね」

国枝「つらいですよね。何かにチャレンジしたり、こんな技を仕掛けてみたいと思ったりしても、横綱という地位が邪魔をして変えられないということはありましたか？」

白鵬「ありました。いろいろな技をやりたい気持ちはあるんだけど、大技を本番で出すのはリスクがあるんですね。確実に勝たないといけないので」

「関脇までは相撲が楽しかった。大関、横綱になってからは、楽し

2023年6月、宮城野部屋で宮城野親方（元横綱・白鵬）と対談した。
（写真：朝日新聞社）

くなったんですね。よくアスリートが『明日は楽しみたい』と言うんですけど、私は好きじゃない」

2人のもう一つの共通項は、若手による世代交代を阻み、王者のまま競技人生を終えた点だ。国枝は世界ランキング1位でコートを去り、白鵬は史上最多の優勝回数を45回に伸ばした場所を最後に土俵を去った。全勝優勝での有終の美だった。

白鵬「世代交代を待っていたんですよ。でも、誰も出てこなかった。『お前は負けて引退するんじゃない』と相撲の神に言われたのかもしれないですね」

国枝「ちゃんと世代交代してやめてくださいと言われるかもしれないですけど、そのためだけにやるのもしんどいところがある。自分のためにやりたいというのは一番大事にしたところでもあります」

自分のために、やる。
国枝らしい言葉だと思った。

真のライバルだったのは……

国枝に「一番のライバルは誰でした？」と尋ねたとき、ステファン・ウデ（フランス）の名前が挙がった。

２００６年の初対戦以来、63度戦い、国枝が50回勝った。その中には２０１２年ロンドンパラの決勝や、リオパラの挫折を乗り越えた２０１８年全豪オープン決勝などの対決などがある。

15年に及ぶライバル物語の長さで言えば、ウデは思い出深い面はあるけれど、直接対決での勝率79％は圧倒的だ。

ウデに聞くと、国枝の集中力には感服させられたという。練習の本気度については、錦織と同じようなことを言っていた。

「練習に、あれだけ本気で臨む選手は見たことがない。常に意味を持って打ち込んでいる様子がわかる。試合になれば、さらに集中力が高まる。相手選手のあらゆるしぐさから、次にどのコースに飛んでくるのか予測する力がすごい。

僕はテニスは楽しいと感じてやっていて、怠けたりもする。シンゴは別の次元にいると感じていた」

ウデですら、脱帽だとしたら、真のライバルは——。

■　■　■　■　■

「昨日の自分より、今日の自分が強い」を信条に、向上心を持ち続けた国枝にとって、最大のライバルは自分自身だったのではないか。

私が、そんな思いを強くした国枝へのアンケートの結果が二つある。

朝日新聞の日曜版「GLOBE」の「突破する力」という企画記事で、国枝を取り上げたのは2011年だった。第一期の黄金期の真っ最中だ。

さまざまな分野でブレークスルーを果たした人を取り上げるこのコーナーでは、「人生の壁を突破する際に助けとなった『力』は何か」を答えてもらうことになっていた。編集部が用意した10種類から選ぶスタイルだ。

このときの国枝は、「運」を1位に挙げた。

「病気のことは避けて通れない。難しいタイプの腫瘍で、今、生きていること自体が幸運だと思える。それに実家の近くにテニスセンターがなかったら、テニスは絶対やってないですし。そうした縁も含めて1位にしました」

2位は「決断力」、3位は「行動力」だった。

「世界一になりたいという決断をして、それをめざして行動してきたから」

■ ■ ■ ■ ■

引退記者会見から3日後、全く同じ問いかけに答えてもらった。

そのときは、「挫折の2016年リオパラから、2021年の東京パラまでの濃密な5年を支えた力は何か」という条件をつけた。

その結果がこれだ。（ ）内は2011年に尋ねたときの答え（順位）だ。

1位　分析力・洞察力（6位）☆

2位　決断力（2位）
3位　持続力・忍耐力（8位）☆
4位　独創性・ひらめき（9位）☆
5位　行動力（3位）
6位　集中力（4位）
7位　運（1位）
8位　体力（5位）
9位　協調性（7位）
10位　語学力（10位）

大きく順位を上げた力に☆をつけた。

「分析力・洞察力」が6位から1位に、「持続力・忍耐力」が8位から3位。「独創性・ひらめき」が9位から4位と大幅に上昇している。

国枝自身に解説してもらった。

「自分のテニスを検証し、そして相手の戦術を分析して戦う比重が、若いころよりも重くなったんでしょうね。何をすべきなのかを明確にして、20代に比べれば消耗し、衰えていく体力をできるだけ使わない工夫をする。例えば、練習時間を削るとか。

そして、ひらめいたものから、何が一番効果をもたらすかを決断する力。もちろん、実行しないと結果につながらないから、これも大事。そんな感じですかね」

体力の衰えを補う工夫を重ね、過去の対戦でインプットした相手の戦術を解析し、弱みを的確に突く。これが円熟期の強さなのだろう。右ひじの痛みに耐えつつ、ときに直感を信じて、ゼロベースで改革に励む。そうした創意工夫で復活を果たしたことが、自己評価の順位変動から見えてくる。

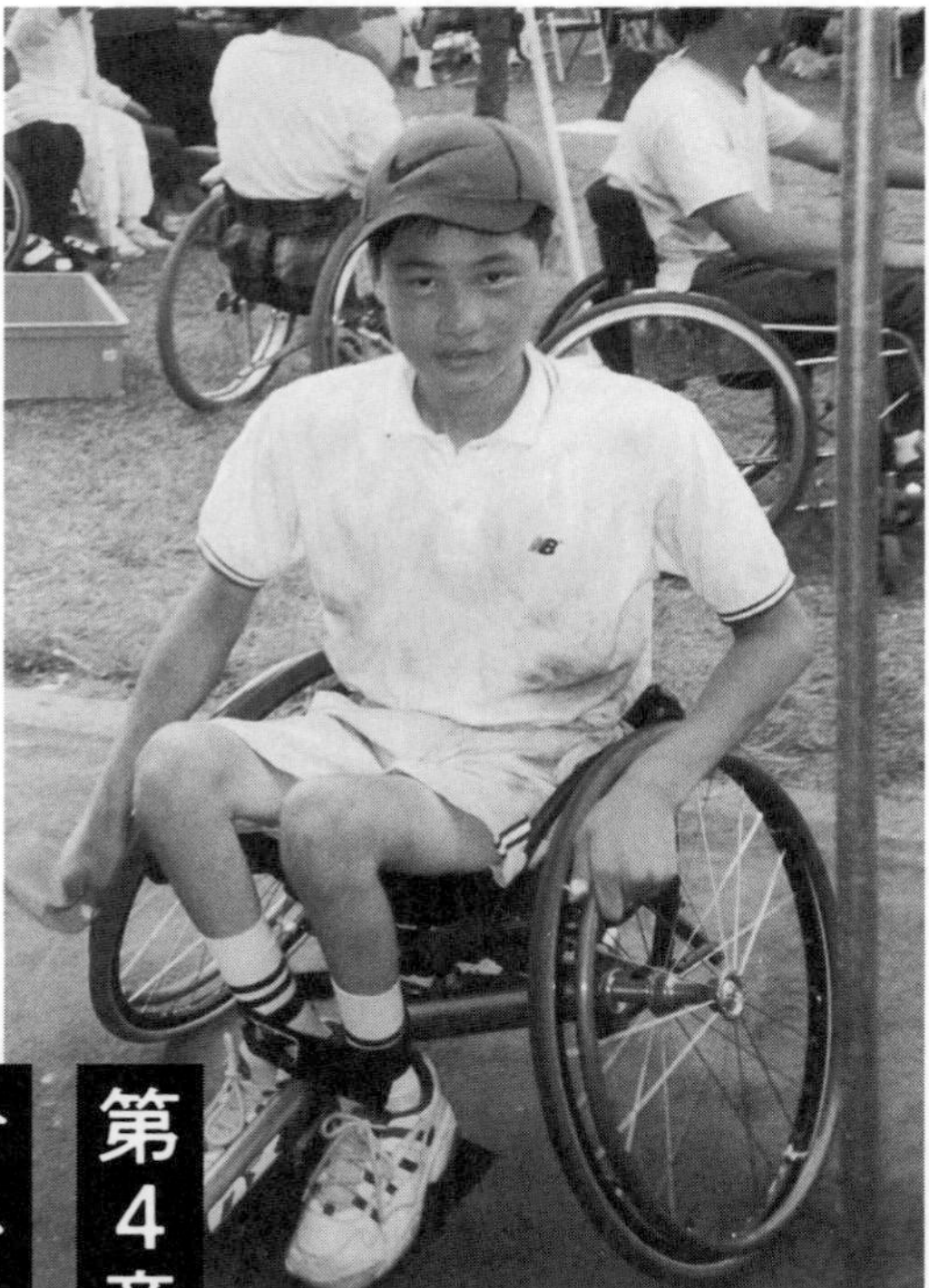

提供：本人

第4章 テニスと出会えた奇跡

母が耳にした唯一の弱音

テニスをしているときが一番幸せ。

国枝慎吾は、そう言ってはばからない。

引退してからも、練習拠点だった千葉県柏市の吉田記念テニス研修センター（ＴＴＣ）でラケットを握り、球を打つのが至福の時間だ。

ただし、国枝の人生の軌跡をたどると、テニスに夢中になったのは、ちょっとした巡り合わせや運、人との出会いといった偶然の産物だったことがわかる。

「もし、○○が○○でなかったら……」

そんな「たら、れば」にあふれた半生を、少年時代からひもといていきたい。

■　■　■　■　■

１９８４（昭和59）年2月21日、東京都で生まれた国枝は、物心がつかないうちに、両親が一戸建てを購入した柏市に引っ越した。

のちに練習拠点となるＴＴＣから車で30分ほどの距離だが、もちろん、これも偶然に過ぎない。車いすテニスをするのに日本屈指の環境を誇るＴＴＣがオープンするのは１９９０年と、まだ先の話だ。

母、珠乃に聞くと、長男の慎吾は幼いころから、運動が大好きだった。しかも、かなり得意だった。

「車いす生活になるまでは、とにかく体育が大好きで。ほかのどの教科よりも、もっといえば給食よりも、一番の楽しみは体育だったんじゃないかな。マラソン大会とかは燃えていました。速かったし、まじめに走り込みもする努力家でした。私も大会は見に行きました。学年で3位とかだったと思いますけど、1位が取れずに悔しがっていました。短距離も速くてリレーの選手でした。運動会も見るのが楽しみでした」

異変が起きたのは１９９３年、小学校4年に上がるのを前にした春休みの日曜日だった。地元の少年野球チームに入っていた国枝は、その日に初めて高学年と一緒の1軍の試合に出る予定だった。

朝起きると、腰に激痛が走った。前日、張り切って猛練習をしたせいかと思ったが、あまりの痛さに試合に行けなかった。

近所の接骨院で赤外線治療をすると、さらに痛みが増した。そこから近所の整形外科にも行って入院もしたが、理由がよくわからなかった。いったん退院したものの、痛みで横になれなくなった。仕方ないので机にうつ伏せで寝ることもあった。

ゴールデンウィークが明けて、大きな整形外科に行こうとした朝、足に力が入らなかった。母がおんぶして車に乗せて、外来の受付まで行った。

歩けないことを知ると、医師の顔色が変わった。小児科で診察を受けるように言われた。おなかがパンパンに腫れて、尿も出なくなっていた。MRIを撮ろうとしても、痛くて横になれない。母はそのときの医師の言葉が忘れられない。

「すごく強い痛み止めの注射を打たないといけません、ひょっとしたら心臓が止まるかもしれないので覚悟してください」

体が動かないようにガムテープでぐるぐる巻きにして、MRIを撮った。

「画像に白い影が見つかりました」。そう、医師に告げられた。

夜中に目覚めると、国枝は足を動かせなかった。

翌日、救急車で東大病院に搬送された。そして、その翌日、脊髄の腫瘍を取る緊急手術をした。

麻酔から目が覚めた。

やはり、足はもう動かなかった。

国枝は手術をすれば、治ると信じていた。手術が終わったら、マウンテンバイクを買ってもらう約束もしていた。

母はどう説明するか、悩んだ。入院中、放射線や抗がん剤の治療が始まった。髪が抜け落ち始めた。

「つらい治療が終わったら、マラソン大会に出られるのかどうか。入院中、それが息子の一番の関心事でした」


いつまでも、隠し通せない。

ある日、息子がマラソン大会への意欲を口にしたとき、意を決して告げた。

「これからはずっと、車いすの生活なんだよ。だから野球もマラソンもできないんだよ」

それを聞いた息子の表情は覚えていない。ただ、どう返してきたかは、忘れない。

「窓から飛び降りられるなら飛び降りたい、って言いましたかね」

病室が何階だったのかは記憶にない。たしか、3階だった気がする。

「4年生の子がそんなことを言うのか、と思いましたね」

常に前向きで元気。反抗期もなかった。母が記憶する、息子の唯一の弱音だった。

■　■　■　■　■

私が国枝に、障害について初めて聞いたのは2011年だった。

そのときの取材では、足が動かなくなったときのことについて、こう話していた。

「両親に不幸を嘆いた記憶はないんです。そのまま一生、車いす生活になるという意識がなかったのかもしれないですね」

取材する私はそれ以上、深掘りはしなかった。世界の頂点まで上り詰めていたアスリートにとって、車いす生活になった経緯をあれこれ聞かれるのは本意ではない気がした。

俊敏なチェアワークの原点

2021年5月、母の珠乃から「飛び降りたい」発言を聞いた後、改めて国枝に、「発言」の記憶があるか、聞いてみた。

「全然、覚えてないんですよ。うーん、言われてみると、そんなこともあった気がしないでもない、かな。僕の封印された記憶がよみがえったところがあります」

こんな話もしてくれた。

「小学校6年までの僕は、夢の中ではずっと歩いていた。野球をしたり、駆けっこをしたり。それが中学校に入学したころから、車いすに座っている僕が出てくるようになった。そのころが、僕にとっての障害受容だったかもしれないですよね」

国枝は「障害受容」という心理学の専門用語で説明してくれた。

医学関連のサイトを検索すると、五つのプロセスが説明されていた。

障害を負った直後の「ショック期」、認めようとしない「否認期」、今までできていた生活ができなくなることを受け入れがたい「混乱期」、障害に屈せずに生きようと心がける「努力期」、そしてポジティブに捉えられるようになる「適応期」。

■
■
■
■
■

国枝の述懐を聞く限り、「適応期」まで到達するのが早かった。

なぜなのか。打ち込むことがあった。バスケットボールだ。

入院中は大好きなテレビゲームの「マリオカート」に熱中し、若い医師に相手になってもらっていた。

退院して自宅に戻ると、体を動かしたい欲求がわき上がってきた。元々、野球少年。しかも、運動神経は抜群だ。選んだのがバスケットボールだった。

自宅が、最適な立地にあったのも、幸運だった。自宅前は道路の奥で、その先には車止めがあった。自動車が入ってこないから、自宅の敷地内から道路に向けてバスケットボールのリングを設置した。「放課後、どこかで遊ぶことができないので、自宅が学童保育のようになればと思っていました。少なくとも毎日、5、6人は集まってましたね」と珠乃はいう。母はおやつと飲み物を用意した。

「私にしたら、あれだけ外を駆け回っていた子がしょんぼりしているのを見るのはつらくて。前の笑顔を見たいな、というのがあったので。それを設置したときはすごく喜んでいました」

国枝は振り返る。

「むちゃくちゃ楽しかったですね。僕らは漫画『スラムダンク』の世代なんで、漫画のキャラクターの名前を叫びながら、シュートを打ってました」

車いすテニス界で随一といわれるチェアワークの原点が、ここにある。

「確かに、車いすテニスを始めたころ、驚くぐらい俊敏に動けたのは、友だちとのバスケで培ったもの。競技用ではなくて、日常の車いすでしたし、車いすバスケは健常者のバスケと違い、ドリブルをした後にボールをいったん保持して、またドリブルすることが認められているんですけど、当時の僕はそういうルールを知らなかったんで、ダブルドリブルはNGにしていました」

中学3年で知った「ユーイング肉腫」

元気で友だちと遊ぶ姿を見ながら、母は息子に告げていないことがあった。手術で取りのぞいた腫瘍は悪性のがん、「ユーイング肉腫」だった。

医師からはがんであったことを息子には告げないように言われた。医学書を探すと、「5年生存率」は30％と書かれた本を見つけた。

息子は5年以上、生きられない可能性がかなりある、ということだと理解した。

母は、そのデータを医師に確認することはなかった。


息子に明かさなかった理由がもう一つある。発症した年に、人気アナウンサーの逸見政孝さんが記者会見でがんであることを告白し、年末に亡くなっていた。

「テレビのニュースとかで見ていたんでしょうね。慎吾はがんには絶対になりたくないと言っていたんです。それもあって、すぐに言うのは控えました」

息子に告げたのは中学3年のときだった。「5年生存率」を特別意識していたわけではないという。15歳ぐらいになったら、なぜ、歩けなくなったのか、本当の原因を息子も知りたくなるだろうと考えたからだ。

「自宅だったと思います。たぶん、ポロッとさりげなく言ったんだと思います。今日言うぞ、というのではなくて」

息子はゲームをしながら聞いていて、それに対する感想はなかったと記憶している。

国枝の、母からの「告知」についての記憶はあいまいだ。

「中学3年ぐらいだったか。TTCに向かう車の中だったか……。がんだったと言われて、死ななくて良かった、生きていて良かったと思いました。毎日が楽しかったし。命があることへの感謝が、テニス、そして人生への向き合い方にもつながっています」

■　■　■　■　■

私は学校の級友から国枝の当時の様子を聞きたいと思った。

柏市立増尾《ますお》西小学校で、5年生から同じクラスだった小池崇に会った。今も連絡を取り合う仲良しの一人だ。中学校も同じで、3年間同じクラス、高校も一緒だった。

「車いす生活になってからですね、同じクラスになったのは。教室の後ろに出入り口があって、その出入り口のすぐ近くがクニの指定席でした」

休み時間になると、自然と国枝の周りに皆で集まるのが常だった。

「どちらかというと、いじられキャラ的な面がありましたね。クニは素直な性格なので、誰かを引っかけるようなウソをつこうとしても、鼻が膨らむからすぐバレちゃうんです」

音楽などで違う階で授業があるときは、6〜7人が車いすを持って、国枝を運んだ。放課後になると、国枝の自宅前でバスケットボールに明け暮れた。

「プレイステーションとかもやってました。サッカーのゲームとかはクニは強かったですね。短いパスをつないで、完全に僕の守備が追いつけないフリーな形でゴールを決められてました。理詰めなんですよ」

緻密に戦術を組み立てるテニスに通じるものがある。

■　■　■　■　■

小池を含む当時からの仲良し4人組は今も皆で飲みに行くが、国枝からテニスの話題が出ることはほとんどなかった。

「今度、オーストラリアに行くんだとかは聞いていましたけれど、飲み会での話題は昔のバカ話がほとんどなので。右ひじのけがで苦しんでいたときも、僕たちの前で愚痴を言ったりすることはなかったですね。今や国民栄誉賞ですけれど、何も変わらないですし」

こう話す小池らとの時間が、常勝を求められた現役時代の、つかの間の息抜きだったことが想像できる。家庭以外でのオンとオフ。そのメリハリを生む貴重なひとときだった。

幸運の出発点

車いすテニスとの出会いは小学校6年のときだった。母に連れられて東京都北区にある東京都障害者総合スポーツセンターに行ったのが最初だった。

母の珠乃は中学校時代、ソフトテニス部だった。大人になってからも、伊達公子が好きだったこともあり、テニスには関心があった。衛星放送WOWOWを視聴するくらいだから、かなりのものだ。家にテニスラケットがあったので、娘と息子と一緒にやってみようと思って訪れた。

母がテニス好きだったという点が、国枝にとっては幸運の出発点だった。

北区の施設で、自宅と同じ柏市にあり、車いすテニスのクラスもあるTTCを紹介された。

TTCは、吉田記念テニス研修センターという名称が示すとおり、ウィンブルドン選手権女子ダブルスで優勝した沢松（現・吉田）和子の夫である吉田宗弘が1990年秋に創設したテニスクラブだ。オープニングのエキシビションマッチで、吉田和子が車いすテニスの大森康克と組み、健常者と車いすテニスのペアによる試合が行われた。

1992年からは、ふだんTTCを拠点にする大森らのリクエストを受け、日本一を決める全日本選抜車いすテニス選手権もスタートした。当時、コートにタイヤ痕がつくなどの理由で、多くのコートが車いすテニスでの利用を禁止していた中、車いすテニスの普及・啓発への熱意があるTTCは、極めて先進的だった。

■　■　■　■　■

ただ、母と一緒に見学に行った国枝が、初めからテニスにのめりこんだわけではない。

「ルールも知らないですし、野球に熱中していた自分からすると、ちょっと軟弱なスポーツという偏見もありました」

何より、当時、熱を入れていたのは友人たちとのバスケットボールだった。

千葉県には車いすバスケットボールの強豪クラブがあった。母の珠乃もその存在を知っていた。しかし、柏市の自宅から千葉市の練習場までは、夕方の渋滞などを考えると2時間はみておかないといけない。

「私も働いていましたし、とても片道2時間をかけて、息子を送っていくことはできませんでした。息子も、そんな事情を理解していたのか、車いすバスケを本気でやりたいと頼んできたことはありませんでした」

当の国枝本人は、楽しかったのは友人たちとのバスケの時間であり、車いすバスケに本気で取り組む気持ちは芽生えていなかった。

そんな折、訪れたTTCには、車いすテニスをプレーする大人たちがたくさんいた。自ら自動車の運転をするし、一人暮らしもする。エスカレーターにも乗る。

「子どもながら、自分の将来の暮らしをイメージすることができました」

母の珠乃もTTCで車いす生活の人々の自立ぶりを見て、息子の未来への希望が広がった気がした。週末の週1回、レッスンに通うことになった。

テニスの楽しさを教えてくれた恩人

国枝がテニスの楽しさを教わった人がいる。

ＴＴＣの「20年周年記念誌」に、国枝の寄稿が載っている。

「車いすテニスを始めたころは、まさかここまでテニスを続けることになるとは思いませんでした。最初に指導をしていただいた星コーチにテニスの楽しさを教わり、三重から柏に拠点を移して来られた齋田選手と打ち合うことで世界レベルを肌で体感、丸山コーチに教わるようになってからはパラリンピックを本格的に目指すようになりました」

そして、こう続ける。

「数多くの運命的な出会いが、ＴＴＣを通して生まれ、現在は車いすテニスが私の職にもなりました」

最初の運命的な出会いである「星さん」こと、星義輝は１９４８年、福島県で生まれた。2歳でポリオ（小児麻痺《まひ》）になり、小学校4年くらいまでは手にゲタを履いて歩いていた。戦後間もなく、物資が困窮していた時代の話だ。いわきの養護学校に入ったときは、自宅の裏から木を切ってきて、自前の杖で移動していた。初めて車いすに乗ったのは中学1年のときだった。

のちにこのエピソードを知った国枝はいう。

「星さんの時代に比べたら、今の時代がいかに恵まれているかがわかります」

星は16歳で上京し、新宿にあった国立リハビリテーションセンターに通い始め、スポーツの魅力にはまる。１９６４年の東京五輪の翌年に開かれた全国身体障害者スポーツ大会で、車いす陸上、水泳、卓球で金メダルを獲得し、１９７６年には陸上と車いすバスケットボールでトロント・パラリンピックに出場。車いすバスケでは4大会連続出場を果たすアスリートだ。車いすテニスに転向したのは42歳のころで、世界ランキングの自己最高位は12位だ。

星はアイデアマンでもあった。車いすテニスのチェアには、左右の大きな車輪のほか、小さな車輪が前に二つ、後ろに一つあるのがふつうだ。後ろにあるリアキャスターを取り付けることを思いついたのが、星だった。それまではサーブのとき、体重を後ろにかけると後ろ向きに体ごと倒れることがよくあった。それを防止するための画期的な発明だった。

「今から思えば、特許を申請しておけばよかったんですけれど、リアキャスター付きの車いすで海外の大会に出たら、次の年から、皆つけていたんですよ」

特許を取り損ねたことで、経済的には潤わなかったが、車いすテニスの技術革新を進めた開拓者として、刻まれるべき功績だ。

■ ■ ■ ■ ■

星は車いすテニスの国内のトップ選手が集まるTTCで週4回ぐらいプレーしていた。TTCではコーチという肩書はなかったが、通う人たちにレッスンをすることがあった。当時、車いすテニスをするのは大人たちばかりで、その中に一人いた少年が国枝だった。

当時の思い出を、星に聞いた。

「競技用の車いすに座らせて、ちょっと走ってみろと言ったら、ほかの人たちより断然速かった。素質があると直感しました」

野球をやっていたから、ボールを打つのがバットからラケットに変わっても筋が良かった。何より、星が感心したのは、打球を追いかけるひたむきさだ。

「車いすテニスは2バウンドまではOKなので、僕は3バウンドするかしないかのような球を打つんです。慎吾は食らいついていきましたね。まあ、私も追いかけるのをやめると怒るわけですけど」

健常者のテニスなら、相手が打つ瞬間に「スプリットステップ」を踏む。小さくジャンプして、着地と同時にボールが来た方向に踏み出すステップだ。しかし、車いすは真横に動けない。さらに、車いすは止まった状態からの動き始めに、すごく労力がかかる。1とか2ぐらいのスピードが出ていれば、すぐに10まで加速できるが、0から1が大変。だから、常に動いていないと、相手の返球に素早く対応できない。友人たちとの自宅前でのバスケットボールで、ドリブルでゴール前まで斬り込むプレーにより培った技術が、テニスにも生きた。

テニスのイロハを教えた無口で色白な少年が、国民栄誉賞を受賞するまでのプロ車いすテニスプレーヤーに成長したことについて、星に感想を聞いた。

「どんな世界でも、誰かが道を切り開かないといけない。車いすテニスのプロになると宣言して、周りを認めさせたからこそ、今、後に続く人がいる。最初にやるのがすごいことです」

通学で培ったパワー

こうしてテニスの面白さを知った国枝だが、中学校に入学しても、生活の中心は学校であり、放課後は友人たちとのバスケ、そして、サッカーのテレビゲーム「ウイニングイレブン」だった。TTCには週末に通う日々だった。

学校の部活はというと……。

「中学は部活に入らないと内申書が悪くなる。だから3年生のときだけ、園芸部に入りました。あとは帰宅部連中とのウイニングイレブン部です」

「絶対王者」になってからは、テニスラケットに張るストリングにしても、試合用にラケットを6本用意して、3本しか実際には使わなくても、残り3本も次の試合までに張り替えるようになった。しかし、少年時代は無頓着だった。

競技用の車いすのタイヤ交換も、母に任せきりだった。

一方、今から思えば、中学校、高校時代と車いすでアップダウンのある道を通学するという、ある意味、過酷なトレーニングを日々繰り返していた。

道路の少し先を走っている自転車がいたら、「それを目標に追いついてやるぞ、とスピードを上げていました。当時はそこまで考えが及ばなかったけれど、今振り返ると、追いかけられるほうは恐怖感を覚えたかもしれないですね」。負荷のかかる「トレーニング」は、ささやかな負けん気も養っていた。

さらに、家から中学までの倍近くの距離がある麗澤高校は、行きは母に送ってもらい、帰りは自力で帰宅した。世界屈指のチェアワークのパワーの土台が、この時代に培われた。

■　■　■　■　■

2023年12月、国枝が運転する車に乗って、かつての自宅、小学校、中学校、高校・大学を案内してもらった。柏市立土《つち》中学校は、家から2キロほど離れている。

「親の付き添いが嫌だったので、自分一人で通っていました。当時は街で、車いす姿の人を見かけることも多くなかったですし、中学生が通う姿はめちゃめちゃ注目を浴びていたと思いますね」

自動車で走っていても、坂はかなりの勾配だ。しかも、学校直前の上り坂がきつい。国枝と一緒に寄ったとき、学校の正門前にある掲示板が目に留まった。「土から国民栄誉賞　国枝選手おめでとう」。手作りのお祝いの言葉と、国民栄誉賞受賞を報じる「柏市民新聞」の切り抜きが貼ってあった。

学生時代、国枝は勉強が好きではなかったが、成績は良かった。

「車いす生活というハンディを負っているわけだから、ちゃんと就職できるのかと考えたとき、勉強ができたほうが学校選択に困らないじゃないですか。だから、英語とか国語とか、主要5教科はオール5でした」

このころは、将来への漠然とした不安があった。

才能を見初めたコーチとの出会い

テニスプレーヤーになる上で、大きな転機となったのが「世界」に触れる経験だった。麗澤高校1年だった1999年の夏、TTCの理事長、吉田宗弘からオランダと英国への遠征を打診された。「世界の車いすテニスがどんなものか、学んできなさい」

乗り気ではなかった。

「別に行かなくてもいいよねえ。日本でトップの選手でもないし」

それが母と息子の思いだったが、結局、行くことになった。

珠乃にとっては新婚旅行以来2度目の海外旅行、息子には初めての外国体験だった。

最初はオランダのユトレヒトでのジュニアキャンプだった。

その隣で、オランダの国際大会が開かれていた。当時、世界トップクラスの地元オランダのリッキー・モーリエがスポーツカーで乗りつけることもあった。

「すごいな、と感動しましたね。パワーもそうですし、一つひとつのショットにしても。

当時は今みたいにＹｏｕＴｕｂｅなんてないじゃないですか。世界のトップへのあこがれが、リアルになったきっかけでした」

その後、英国では、外国選手との初めての「国際大会」を経験した。

それでも、ＴＴＣへ通ったのは、高校1年のころは週3回だった。

母の珠乃はいう。「うちは裕福じゃなかったし、月謝を払うことを考えても、それ以上させようとは思いませんでした」

そんな状況だった国枝の才能を見初め、世界をめざそうと口説いたのが、長年、伴走してくれたコーチ、丸山弘道だ。

■　■　■　■　■

2001年、たしか梅雨どきだった。ＴＴＣでジュニア育成を担当していた丸山は、雨でレッスンが中止になった。

インドアのテニスコートをふと見ると、車いすの少年が必死にボールを追いかけていた。その動きのスムーズさに、丸山は驚いた。

「感覚的に言うと、チェアワークじゃないんです。足で走るフットワーク。それくらい車いすの扱いが自然で、俊敏でした」

ほかの仕事はそっちのけで、練習を最後まで見届けた。

ＴＴＣのスタッフに少年の名前を聞き、レッスンが終わると、声をかけた。

「国枝くん、ちょっとお話ししたいんだけど、お母さんいる？」

母の珠乃が車で迎えに来るのを待ち、母に持ちかけた。

「本気でテニス、やってみませんか？　来週からみたいんですけど」

世界のトップをめざす入り口に立った瞬間だった。

丸山があのとき声をかけていなかったら、のちの世界的なテニスプレーヤー、国枝慎吾は誕生しなかった可能性が大きい。

それ以前に、丸山が車いすテニスに関わるきっかけも、紆余曲折というか、先人たちの情熱抜きには語れない。

ＴＴＣで生まれた人生の分岐点

ＴＴＣを拠点にしていた丸山は、１９９６年ごろ、１９９２年のバルセロナ、１９９６年のアトランタと2度のパラリンピックに車いすテニスで出場していた大森康克から指導を依頼された。キャリアの晩年にさしかかっていた大森にとって、次の全日本選抜車いすテニス選手権で、最後にもう一花咲かせたい、というタイミングだった。

丸山は車いすテニスの指導経験がないから、最初は断っていた。

しかし、大森は会うたびに頼んでくる。結局折れて、コーチはできないけれど、ヒッティングのパートナーなら務められると、サポートすることにした。

半年ほど付き合い、大森が最後にお礼の挨拶に来たとき、隣にもう一人、車いすテニスの選手がいた。当時、日本ランキングで4位か5位ぐらいにいた山倉昭男だった。

「シドニー・パラリンピックをめざしたいんです」

山倉本人が目の前にいて、大森の紹介とあっては断れない。丸山は、山倉をシドニー・パラリンピック代表まで導いた。やるからには本気で取り組まないといけない。丸山は自身も車いすに乗って打ってみた。大森、山倉という国内では一線級の車いすテニス選手と打ち合うことで、健常者のテニスとは違う指導のノウハウを編み出していった。

■■■■■

1999年、世界ランキング10位台だった齋田悟司が三重からやってきた。公務員の職を投げ捨て、2004年アテネ・パラリンピックまでの「5年計画」でTTCを本拠にすることを決めていた。

TTCとしても車いすテニスの強化プログラムを本格的に立ち上げる機運が高まった。それまでの実績が買われ、丸山が担当することになった。

「周りのコーチは誰も何も言わないんですもん。ババ抜きをやって、最後にババを引いたみたいな、貧乏くじを引いたみたいなスタートでした」

丸山はやや自虐的に振り返ったが、それは、車いすテニスの指導者として一流になるべく情熱を傾け、世界トップの選手を育て上げた実績ゆえだ。そんな表現をしても、嫌な風に聞こえない。大森が粘り強く、丸山を口説かなかったら、その後、山倉がシドニーをめざさなかったら、齋田がTTCに拠点を移さなかったら……。

国枝のテニス人生が本格的にスタートするに至るまでの逸話は、ちょっとした運命の綾《あや》で彩られている。

■　■　■　■　■

国枝と丸山が出会った2001年夏は、高校3年になっていた国枝が、大学に進んで何をするか、進路について考え始めていた時期でもあった。

「世界1位をめざしてやっていたわけではないです。人生に自信はないし、何か胸を張れるものが欲しいなとなったとき、テニスを本気でやってみるか、そんな程度です」

その年の8月、神奈川県厚木市で開かれた大会で優勝し、生まれて初めて世界ランキングがついた。160位。世界の頂をめざす、ささやかな第一歩を記した。

同じ年の5月に、11歳だった錦織圭が、TTCで開かれた全国選抜ジュニア選手権で優勝している。その後、勢いに乗り、「小学3冠」を成し遂げて、米国へのテニス留学の足がかりをつかんだ。

のちに日本を代表するテニスプレーヤーとなった2人にとって、人生のターニングポイントが2001年、TTCを舞台に生まれたことになる。

写真：SportsPressJP/アフロ

第5章 集大成の東京パラリンピック

かなえたかった願い

聖火が東京にともるのか、それとも失意の落選か。

アルゼンチンの首都、ブエノスアイレスから届くニュースが、国枝は気になっていた。

・・・・・

2013年9月7日、全米オープン出場のため、国枝はニューヨークに滞在していた。翌日の決勝に備えてマッサージを終えたのが午後4時過ぎ。国際オリンピック委員会（IOC）総会での2020年東京五輪・パラリンピック招致の投票の行方が判明するころだった。ロッカールームのWi‐Fiにログインしようとしていたら、決勝で戦うステファン・ウデ（フランス）が声をかけてきた。

「Congrats Shingo!（シンゴ、おめでとう！）」

国枝は、ライバルに教えられて、吉報を知った。

イスタンブール（トルコ）、マドリード（スペイン）との戦いを制して、東京にパラリンピックがやってくる。自国開催の祭典だ。

その日のブログに、こう記した。

「Ｔｏｋｙｏ２０２０！　感動で昨年の金メダル以来の熱いものがこみ上げてきました。招致委の皆様の御尽力、そして国民の皆様のパワーが結集した結果です。私もあと七年間やる覚悟が出てきました」


翌8日の決勝はストレート負けに終わった。

コーチの丸山弘道は、その日の朝の様子を覚えていた。

「慎吾の目が充血してたんですよ。『コーチ、ダメだ、眠れなかった』と言ってきて。そりゃあ、そうだろうな。東京開催が決まったんだから、と思いました」

4大大会の価値が年々上昇したといっても、車いすテニスにとってパラリンピックは最高のひのき舞台、という思いが丸山にもあった。

「決勝は、たしかにスカッと負けました」

このとき29歳だった国枝は、２０２０年を36歳で迎える。今となっては自分の不明を恥じるしかないけれど、少なくとも、当時の私は国枝の東京までの「現役続行宣言」を聞いて、半信半疑だった。

近年でこそ、ノバク・ジョコビッチ（セルビア）は37歳でも世界ランキング1位になるなど、テニスのトッププロの選手寿命は延びている。けれど、当時だと、36歳まで現役を続け、しかもパラリンピックで金メダルを狙える実力をキープするのは容易ではないだろう、と思っていた。

「オレは最強だ！」と同じく、公言することで「言霊」が肉体、思考に宿る。有言実行に自分を追い込んでいくのが、国枝流なのかもしれない。

その後、東京パラにかける熱い思いは幾度となく聞いているが、招致が決まる数カ月前、「Ｔｅｎｎｉｓ Ｍａｇａｚｉｎｅ（テニスマガジン）」（２０１３年7月号）の企画で、ハンマー投げの金メダリスト、室伏広治と対談したときの発言で、すでに理想とする青写真を描いていた。

「願いはたったひとつ、この競技をテニスとして同じに見て欲しい。僕は、パラリンピックを純粋にスポーツだと評価し、楽しんでくれるお客さんで競技場を埋め尽くしたい」

思い描く夢を、端的に言い切っている。

「ロンドンパラリンピックは、ファンが純粋にスポーツを楽しむ感覚で観ていたからこそ大成功を収めた。金メダルを取っても、日本ではテニス選手として評価されるんじゃなくて、障がい者が車椅子テニスをしてまで前向きに頑張っているのが偉い、感動すると言われてしまう」

ウィンブルドン選手権をはじめ、近代スポーツ発祥の国である英国に息づく「観る」スポーツに対する熱量を、国枝は肌で感じていた。そのエネルギーを日本で、自分のプレーで実現させたい。そんな思いが言葉ににじんだ。

挫折して気づけた変化する楽しさ

リオパラでの挫折があっても引退しなかったのは、暗闇にも思えたトンネルの先に、4年後の東京パラというゴールがあったからだ。

キーワードを挙げるなら、「変化」になる。

自ら、けがに苦しみ抜いた２０１６年から２０１７年にかけての期間を「マイ・ワースト・デイズ（最悪の日々）」と評する国枝は、そのころをこう振り返る。

「負けることも多くなった。でも、敗因があるから何をすべきかがわかる。すぐにはわからなくても、分析して探り当てていく。それこそが宝のような価値を持つ。何かを変えるとき、成功体験が邪魔してしまうことがある。絶好調のときに変えるのはリスクなので。僕はリオで挫折を経験して、変えることの楽しさに気づけた。『オレは最強だ！』と言ってますけど、コートを離れたら自分を疑いまくっていた。自信過剰に思えるキャッチフレーズは疑心暗鬼の裏返し。まだ弱点があるのではないか、と自問自答の連続でした」

ある意味、どん底に落ちたからこそ、失うものがなかった。

「あらゆるものをゼロベースで見直しました。技術的にはバックハンドが大きいですが、ラケットやチェアなども。変えることに対する恐れが消え、むしろ変化が楽しいな、って思うようになりました」

■ ■ ■ ■ ■

まず、新たなトレーナーとの出会いがあった。リオパラを終え、それまでのトレーナーとの契約が終了し、国枝は体のメンテナンスをしてもらえる人を探していた。

2016年10月末、国枝は先輩の齋田悟司と一緒に講演会に呼ばれた。場所は齋田のスポンサーをしていた柏市の飯島整形外科だった。

講演会が終了した後、会食の予定があったので、国枝は車いすで、JR柏駅に向かった。その国枝を追いかけたのが、飯島整形外科で働く理学療法士、北嶋一紀だった。

25歳だった北嶋は自分の技術を評価して、その対価を払ってくれる人間を探していた。それまで自腹でいろいろな勉強会に足を運び、100万円単位の投資をしてきた。学んできた技術の中に、筋肉を直接ほぐすのではなく、骨と骨の間にある関節に働きかける技術で、筋肉の痛みを改善させるメソッドがあった。

「一流の肉体を持つアスリートで実証してみたい」。そんな思いがわき上がった。

国枝とは面識がなかったが、当然、車いすテニスで世界1位の有名人であることは知っていた。

「世界一だから体に対しての意識も高いはずだ。自分の治療を受けたら、絶対に良さをわかってもらえる。今から思えば、若気の至りですけれど、そんな野心がありました」

国枝が柏駅の券売機の前にいるところを、後ろから声をかけた。

「すいません、先ほどは、講演ありがとうございました」

北嶋は名刺を渡しつつ、勇気を持ってプレゼンした。

「僕は筋肉を直接ほぐすのではなく、関節に働きかけるメソッドで施術をしています。一度、国枝さんの体を見るチャンスをもらえませんか?」


国枝は、20代前半ぐらいに見える北嶋の経験値への懸念はあったものの、その熱意を受け入れた。リオパラの前から悩まされている右ひじの痛みについては、「思い切って2〜3カ月、ラケットを握らないで、休養に充ててみてはどうか」など、積極的な提案をしてくれた。施術の技術に加え、論理的な話し方、その中身も含めて、信頼が置けた。いわば、どん底の時期に、真摯に向き合ってくれる北嶋の姿勢に、好感を持った。

国枝は右ひじの痛みの根本的な原因を突き止め、完治させるべく、あらゆる医療機関を訪ねて回った。右ひじの外側の腱が炎症を起こしていることを確認できたものの、いわゆる外科的な手術で治るものではないことが明らかになった。

唯一の解決法として残ったのが、ひじに負担をかけないスイングへの改造だった。

北嶋は、中学時代はソフトテニス部、高校時代は硬式テニス部に所属していた。テニスの基礎知識はあったが、車いすテニスについては素人だった。

「国枝さんがバックハンドのトップスピンを打つとき、ソフトテニスのようにフォアと同じ面で打っていることすら、新鮮でした。硬式だからロジャー・フェデラーのように、フォアと違う面で打つのかと思っていたくらい、何も知りませんでした。逆に、フォアと同じ面で打つのに、なぜひじの外側が痛くなるのかも不思議でした。常識的にはひじの内側に負担がかかるショットのはずなので……」

探究心という点では国枝のひたむきさは相当なものだが、北嶋も論理的に物事を突き詰めて考えるのが好きなタイプ。だから、性格的に2人の相性は良い。

2人の研究の対象は、ほかの選手がテニスボールを打つ動画はもちろん、ほかの競技にも及び、さらにはスポーツからもはみ出していった。国枝は卓球に着目した。バックハンドのレシーブで強烈な回転をかける「チキータ」を真似た打ち方を試みた。北嶋は刀を鞘《さや》から抜くようなフォームはどうか、と提案した。試行錯誤はしばらく続き、手の関節を手の甲側に曲げないことで、右ひじの外側への衝撃を柔らげる打ち方にたどり着いた。

すぐに光が差し込んできたわけではない。

北嶋が鮮明に覚えているのが、2017年全仏オープンだ。準決勝でアルフィー・ヒューエット（英国）に敗れた国枝は、決勝を戦っている隣のコートで、コーチの丸山と練習をした。バックハンドのグリップを90度変える打ち方への修正に本気で取り組んだ。それまでも、グリップの変更に着手していたが、試合になると負けたくないので、どうしても従来のグリップに戻してしまう、どっちつかずの状態だった。

「僕は動画を撮っていたんですけれど、あのときは、見ていてつらかったです。悲惨でした。決勝の横のコートで絶対王者がボールを打っていて、慣れないグリップだからネットを越えないことも多かったです」

「絶対王者」のプライドをかなぐり捨てて取り組む国枝が、そこにいた。

フォーム改造は、徐々に形になり始めていた。しかし、手応えをつかんで臨んだはずだった2017年の全米オープンの初戦で敗れてしまう。

ニューヨークのホテルの部屋に戻ると、国枝は同行している妻の愛の前で叫んでいた。

「ダメだー、引退だー!」

明るい光が見え始めたと思っていただけに、失望が大きかった。

先が見えない苛立《いらだ》ちを隠しきれずにいた。

実は、トンネルの出口は、そう遠くはなかった。

初戦敗退に終わった全米オープンの1カ月後、フランスの大会で結果が出た。国枝は準決勝でリオパラのときにも苦杯をなめたヨアキム・ジェラール(ベルギー)、決勝でステファン・ウデ(フランス)を破り、優勝を飾った。3試合で1セットも失わない完勝だった。

4大大会で復活を果たしたのは、フランスの大会の優勝から3カ月後、2018年の全豪オープンだった。

決勝まで勝ち上がり、ここでも、ステファン・ウデ(フランス)との対決となった。

4－6、6－1と1セットずつを分け合い、ファイナルセットで国枝は2－5と追い込まれ、ついに相手にマッチポイントを許した。しかし、耐えた。結局、計3度、宿敵のマッチポイントを逃れ、タイブレークで勝利をもぎ取った。

最後のタイブレークで追いすがるウデを引き離す決定打が、伝家の宝刀、大改造の末に精度を高めたバックハンドのダウンザラインだった。7－6で逆転勝ちし、3年ぶり9度目の全豪オープン優勝を果たすとともに、4大大会では2015年の全米オープン以来のタイトルをつかんだ。

国枝は復活に至るプロセスを、こう明かす。

2018年1月の全豪オープンで精度を高めたバックハンドのショットを武器に、2015年の全米オープン以来の４大大会優勝。（写真：ロイター／アフロ）

「小さいアップデートも含めたら2017年以降、100回ぐらいしていました。修正するたびに言葉で書く。言語化することで理解が深まる。体を動かせば確信に変わる。その作業が面白いんです。途中でマイナス要素に気づいたりもする。おかしいなと思ったら修正する。1歩進んで、2歩下がって、また3歩進んで、という感覚でした。自分の場合、コツを頭の中で理解できれば、体をそう動かせる。その辺は自信があるところ」

こうサラリと言えるのが、一流の神髄だ。

この自身の修正力について、国枝は常々、劣勢をはね返すために欠かせない力だと語ってきた。そのときのプレースタイルが通用しなかったときには、違う引き出しを開けてみる。その結果、引き出しが増え、どんな状況に陥っても対応できるようになっていった。

引退まで、国枝と向き合ってきた北嶋は、いろいろな「慎吾語録」を書き残している。

「現状維持は衰退だ」

「常に自分を疑い、模索し続けることが成長につながる」

「進化をするためにリスクを取りつつ、一生懸命やることで悔いを残さない」

口にするだけなら、誰でもできる。それを続けられるかが、一流と凡人を冷徹に分かつ。北嶋にとって、国枝は自分が担当した最初のアスリートだった。今はほかの競技の選手たちとの関わりもあるが、自然と、国枝をスタンダードに考えてしまう自分がいる。

「日々進化しなきゃいけない、と話すアスリートは多いけれど、口だけじゃなく、実行し続ける人はなかなかいない。言ったことに責任を持つのが、国枝さんのすごさです。練習でコートに入った瞬間、目の色が変わる。怖いくらいの鋭さが宿りましたから」

理学療法士である北嶋は、「人の痛みを取ること」が生きがいだ。ノーベル生理学・医学賞で毎年、新しい受賞者が出ることが示すように、医療の世界は未知な領域がまだまだ多い。新しい発見がある。だからこそ、学ぶ好奇心は尽きない。

北嶋は国枝との6年間を、こんな風に振り返る。

「現状に満足せず、成長をめざし続ける国枝さんの生き方を、自分に置き換えて考えています。医療の世界も日進月歩なので、学び続ける姿勢を心に留めています」

体のメンテナンスで苦楽を共にしたのが北嶋だとすれば、車いすテニスで「体の一部」ともいえる車いすに進化をもたらしてくれた恩人もいた。

国枝は2016年のリオパラぐらいまでは、乗るマシンについては無頓着だった。

「チェアワークを俊敏にするには、自分の肉体を鍛えればいいという発想でした」

■ ■ ■ ■ ■

ただし、リオパラのころから、車いすテニス界に革新が起きた。

片足切断障害であるステファン・ウデ（フランス）が採り入れた膝立ちで乗る車いすだった。立っている姿勢に近いから、パワーが発揮しやすい。

どれくらいの姿勢が最適なのかは、障害の程度によって変わってくるが、ウデに触発され、多くの欧州の選手たちが、車いすの座る角度について追求し始めた。自身のおしりの型を取り、それを車いすのフレームに取り付ける「バケットシート」が流行した。少しでも立っている姿勢に近づけるシートポジションを採用することで、ショットの威力が増した選手が現れたことを、国枝も実感していた。もう無頓着ではいられなかった。

元車いすバスケットボール日本代表で、その後、車いすフェンシングに転向した安直樹に相談した。仲良しの安が、車いすバスケ時代に使っていたのがバケットシートだった。

2017年2月、国枝は安からの紹介で、義足や義手、装具の製造・販売を手がける大阪府大東市の「川村義肢」を訪ねた。国枝の障害は脊髄損傷者の中では不全麻痺《まひ》と呼ばれ、膝までの力がやや残っている。国枝の下半身にあるパワーを最大限生かせるシートを作ってもらうための相談だった。

迎えてくれた職人が、中島博光だった。

「最初に僕が言ったのは、一流のアスリートたるもの、最低限の工具の使い方は身につけて、自分でいじるクセをつけたほうがいいよ、というアドバイスでした」

中島によると、国枝のようなトップアスリートになると、体幹の強さや技術で、どのような車いすでも乗りこなせる、つまり補正する能力があるという。「極端に言えば、自分でねじ一つ回したことがなくても、なんとかなっていたんでしょう」

中島がそれまでバケットシートを作ってきたチェアスキーの選手は、コンマ1秒を争う世界で生きている。雪面を滑走するときの重心移動が、少しでもブレたらタイムロスになる。右利きのテニスプレーヤーである国枝にとって、最適なイスの形状とは何か。強化プラスチックの硬さを側面、底面、左右で変える。形は非対称。試行錯誤が始まった。

国枝は海外遠征の合間を縫い、大阪の川村義肢の工房に通うようになった。伊丹空港でレンタカーを借り、ビジネスホテルに泊まり、近くのテニスコートで調整を続けた。できあがったものを吉田記念テニス研修センター（ＴＴＣ）に持ち帰り、さらに要望を重ねていった。

「中島さんとバケットシートに取り組むことで、車いすのセッティングに自分自身でも興味が出て、道具に対する意識が大きく変わった。重心が１ミリ変わるだけで、車いすのターンなどの動きが変わることを実感し、こだわりが強くなりました」

突破口が開けたのが、２０１７年の後半だった。

中島が振り返る。

「やり始めて、半年ぐらい経ったころかな。あの日は雨が降っていて、近所の室内のコートで調整しました。おしりを3センチぐらい上げるブロックをつけてみたんです。さすがにちょっと極端なセッティングかな、と半信半疑でした。実際見たら、テニスの素人の僕が見ても、球の威力がすげえってわかるほど、慎吾が強い球を打ち始めたんです」

2球ほど打ったとき、国枝が言った言葉が忘れられない。

「中島さん、俺、もう負けません」

中島は一瞬、耳を疑った。

「僕としては職人冥利というか、こんな意見を言ってもらえるのは誇らしいんですけど……。とにかく、これまでと違うな、というのは僕もわかった。年明けの全豪オープンで優勝したんで、ほんまや、と思ったのを覚えています」

リオパラのころまでの国枝のプレー写真を見ると、膝が座面よりもやや上がっている。この状態だと、体幹は安定する半面、体をひねるなどの動きが制限される。

バケットシートを装着した東京パラのときの写真を見ると、膝が3センチ、座面より下がった姿勢に変わっている。よりダイナミックに体を動かせるセッティングと、自身がバランスを保てるギリギリのラインを突き詰めた形だ。

中島は国枝が発する熱量に、トップアスリートのすごみを見た。

「お客さんによっては、今悩んでいること、ニーズを引き出すことに3～4時間かかるケースもある。慎吾の場合は、何を考えているかが明確だった。エネルギー量が半端ないんですよ。こっちが吸い取られる感覚というか、のみ込まれないようにしなきゃ、という感じで。ふつうの人だと妥協するような場面でも、あきらめない。国枝慎吾は、世界一の負けず嫌いでしょう」


引退すら覚悟した2017年でも絶望して立ち止まらず、手を打ってきた。その努力が2018年から芽吹き始め、東京パラへの希望となった。

■　■　■　■　■

東京パラの「前哨戦《ぜんしょうせん》」と位置づけたのが、2019年秋の楽天ジャパンオープンだ。ステファン・オルソン（スウェーデン）との決勝は、試合中にオルソンの車いすの車輪が壊れたこともあり、6－0、6－2と国枝の完勝に終わった。

パラリンピックの会場となる有明の森テニス公園の1番コートには大勢の観客が詰めか

けていた。その視線を一身に浴びながら、国枝が優勝インタビューに応えた。

「有明での優勝は格別ですね。多くの方々が集まる車いすテニスのイベントにしたい気持ちが強かっただけに、優勝した瞬間はそれを達成できた充実感がありました」

国枝は1年後の東京パラで、センターコートの有明コロシアムが満杯になる光景を思い浮かべていた。

ただ、2019年は大満足のシーズンではなかった。例えるなら玉虫色か。

4大大会以外は好調で、シーズン通算53勝は自身の自己最多を上回った。にもかかわらず、4大大会のシングルスは優勝と縁がなかった。ウィンブルドン選手権の準優勝が最高で、全豪オープンと全仏オープンはベスト4止まり、全米オープンでは初戦敗退に終わった。「シンゴ・クニエダ」がコートを挟んでいることで、ライバルたちが萎縮する、かつてのオーラはまとっていなかった。

その要因の一つがバックハンドのショットの不安定さだった。大会によって好不調の波が激しく、「日替わり、週替わり」の気まぐれさに悩まされた。栄光を知り尽くした国枝でも、4大大会では心のコントロールに乱れが生じていた。

ラケットには「オレは最強だ！」に加えて、「リラックス」とテープに書き、貼り付けることにした。

行く手を阻んだコロナ禍

２０２０年、東京オリパライヤーが明けた。

国枝は１月の全豪オープンで、リオパラの金メダリスト、ゴードン・リード（英国）を決勝で破り、最高のスタートを切った。３試合連続ストレート勝ちでの王者奪還は、復活への確かな手応えとなった。

しかし、予想もしない敵が国枝に、いや世界の全人類に立ちはだかる。

ＣＯＶＩＤ－19。新型コロナウイルスの世界的な感染拡大だ。

■　■　■　■　■

２０２０年３月３日、私はスイス・ローザンヌの国際オリンピック委員会（ＩＯＣ）本部にいた。

ＩＯＣは中止論が浮上していた東京五輪について、火消しに努める緊急の声明を出していた。横一列に並んだ約15台のテレビカメラが向けられる中、トーマス・バッハ会長は言った。

「東京五輪の成功に変わらぬ自信を持っている」

大会を予定通り7月24日から開く姿勢を強調した。

しかし、欧州での感染拡大は加速度的に悪化していった。3月11日、世界保健機関（ＷＨＯ）が世界的な大流行である「パンデミック」に認定した。

安倍晋三首相は同24日、1年程度の延期を「直談判」し、バッハ会長が「１００％、同意する」と快諾した。追加負担は、大会組織委員会がまかなえなければ、一義的には東京都、さらには提案をした安倍首相、つまり日本政府が責任を持つ流れができた。そこから、仕切り直しの会期決定への動きは早かった。

仮に1年後もパンデミックは収まらず、公衆衛生の専門家が大会を開くことに責任を持てない、という状況になったとしたら、再延期があるのか、それとも中止か？　そんな問いに対し、バッハ会長は言った。

「我々は原則を作り、常に従ってきた。それは将来にも当てはまる。我々はすべての参加者に安全を提供できる環境でのみ、五輪を開催する」

2021年7月23日開幕~8月8日閉幕の開催時期が決まった3月30日夜、JR東京駅に設置されているカウントダウンクロックに変化があった。

1年程度の大会延期が決まった後、通常の日付表示になっていたのが、再び、大会への残り日数を刻むように戻っていた。

「479日」

世界のアスリートが集う祝祭を待ち望むカウントダウンは、同時に新型コロナウイルスのワクチン開発や治療法を解明するためのタイムリミットの目安でもあった。

私はこのときの状況を「Newsweek」日本版に寄稿した。記事は、こんな言葉で結んだ。

「

終息の見通しがつかないままの見切り発車。

」

国枝もまた、不安な気持ちに包まれたその列車に乗る一人だった。

■　■　■　■　■

私は安倍首相が直談判した日の午後7時55分、国枝にＬＩＮＥを送った。

「ＩＯＣ会長スポークスマンに聞いたら、今日、東京大会の延期が臨時理事会で決まりそうです。１年延期を軸、みたいです」

国枝の返信はいつも迅速だ。８分後、返信が来た。

「やっぱりそうですかー今回ばかりは仕方ないですねえ」

聞かなければならない質問があった。「全豪王者はもちろん来年、やりますよね？」

４分後、返事が来た。

「今年開催でも、そのあともやるつもりでしたので！」

ほっとさせられる文面だった。

「2024年パリまでなら、僕も追いかけます」

東京パラは中止になるかもしれない。私はそんな可能性も念頭に、そう決意を示した。

無観客の全米オープンでつかんだ希望

日本、そして世界の動きが止まった。延期が決まった3月24日の世界の新型コロナウイルス感染者数は約40万人。それが5月に入り、400万人を超えた。死者も30万人を超え、なお増え続けていた。

ロックダウン、外出自粛のステイホームの日々が続いた。

国枝のマネージャー、北原大輔から連絡をもらったのは8月だった。

「慎吾くんのインタビュー、しませんか?」

全米オープンが無観客で開かれることがしばらく前に決まっていた。車いすの部も開かれることになり、国枝も渡米するという。

感染のリスクを覚悟しつつ、あえて参戦を決めたのは、1年延期になった東京オリパラの後押しになれば、という思いからだという。
そんな今の気持ちを記事にできないか、という打診だった。
8月14日、久しぶりに国枝の自宅近くのカフェで会った。北原も同席した。皆、マスク姿はすっかり慣れていた。
国枝とのやりとりから、現実主義者の顔がのぞいた。

――当初、今回の全米オープンで、車いす部門は開催しない方針だったとか。差別とは思わなかったですか?

「それは全然思いませんでした。全米オープンも興行だし、商業主義の視点で考えれば、車いすの注目度は健常者と比べたら圧倒的に少ないわけで、理解できます。我々に力が足りないだけ。混合ダブルスも、ジュニア部門もないわけですし」

――来年のパラを開くためにも、という気持ちは?

「しっかり対策を取り、仮に全米オープンが成功したら、来年でも東京オリパラは厳しいでしょ、という世論を覆すヒントになるのではないか。今回は記者さんも含めて会場に入れず、リモートじゃないですか。選手、スタッフだけ認められる。その状況を僕自身、東京の大会組織委員会にフィードバックしてもいい。それで東京大会の実現に一歩でも近づけたら、と思っています」

――4月ごろは、「スポーツは平和じゃないと成り立たない」と発言していました。不要不急とは言わないけれど、コロナの終息が優先だと。

「そこは変化している部分はあります。世の中と一緒だと思う。あのときはレストランもカフェも休業を強いられました。今は、こうして席の間隔を空けて営業している。僕たちも同じ。ずっとこれまで休業していた。そろそろ新しい対策で営業、つまり大会が開けるよう、スポーツ選手も段階的に模索しないと」

国枝は2009年に「プロ宣言」し、テニスで生計を立てている。言葉を続けた。

「僕もシビアな話をすると、生活への不安はあります。テニスも観客を100人、200人と、ステップを少しずつ踏んで、入れていかないと。失業者になっちゃいます」

――たられぱですが、来年のパラリンピックが日本開催でなかったら?

「モチベーションは違ったかもしれないですね」

やはり、自国開催の祭典は特別なのか。

「やっぱり自分自身、東京の舞台に立ちたいし、それを実現するために、というのはある。全米オープンは少しずつたぐり寄せるチャンスだと思う」

――去年、楽天ジャパンオープンで優勝したとき、たくさんの観客が詰めかけてくれました。来年のオリパラが無観客になる可能性については?

「もちろん、大観衆の前でやるのが最高ですけれど、そこはもうニューノーマルに適応していく。最善の形が無観客なら、それを受け入れます」

■　■　■　■　■

全米オープンの車いす部門が始まる1週間前の9月3日、朝日新聞朝刊のスポーツ面に国枝のこのときのインタビューが載った。彼の決意を締めに持ってきた。

「東京大会は7年前に招致が決まったときから大きな目標でした。世論的には来夏の開催に懐疑的な声を聞く。世界からプロが集う全米を成功できたら、悲観論を覆すきっかけになるかもしれない。運営面でのコロナ対策も検証できる。開催の可能性をたぐり寄せるのに、テニスは他競技の先駆けになる」

「全米での僕の体験を、大会後、東京の大会組織委員会にフィードバックしたら、参考になるかもしれない。全米では優勝を狙いつつ、そうした自覚も持って臨もうと思います」

■ ■ ■ ■ ■

有言実行で、国枝はコロナ禍の全米オープンを制した。

決勝はアルフィー・ヒューエット（英国）を6－3、3－6、7－6のフルセットで破り、7度目の栄冠を手にした。

日本とは昼夜逆転のニューヨーク。私を含め、日本の報道陣は未明から早朝にかけてのリモート取材で2時間54分の死闘を見届けた。

ファイナルセットは5－3で自身のサービスゲーム。キープすれば優勝の局面でブレークを許し、逆に5－6と追い込まれてから攻め勝った。

優勝後の記者会見もオンライン取材だった。

「5－6になったときは、まあ、でも、相手のサーブがブレークできていなかったわけではないので、『まだチャンスはあるぞ』と言い聞かせました」

全米オープンでは、「絶対王者」として君臨していた2015年以来のタイトルだった。

2020年9月の全米オープンは、新型コロナウイルス対策のため、
無観客で開かれた。（写真：AP/アフロ）

「すごく良いテニスができているので、逆に今年パラがあったら、今、金メダルだったんだな、という風にも、ちょっとシャワーを浴びながら思いましたね。ハハッ、まあそれは来年に取っておきます」

父の死

2021年が幕を開けた。

国枝は全豪オープンでは準決勝でアルフィー・ヒューエット（英国）に3－6、4－6で敗れた。前年の全米のリベンジをされた。かつての「絶対王者」の威厳は保てていない。5月、練習拠点であるTTCを訪ねた。週刊誌「AERA」の取材で写真撮影をする合間に話を聞いた。

課題に挙げていたのは、バックハンドだった。

「ここ2カ月ぐらいはバックハンドを強化してますね。今は書かれるとまずいですけど、少しネガティブな要素があって、そこをクリアしないと、次のステップに進めない」

リオの前にひじを痛めたころから、国枝は気がついたポイントはスマホやノートにメモを取る習慣がついていた。

「この2カ月も、まあまあメモ帳はたまっていきましたね。グリップをちょっと見直したり、手の使い方を動画で撮ってメモをしたり。自宅の窓を鏡代わりにしてスイングチェックをしたり。字で書いておくと、悩んだときに読み返せるので、わかりやすいんです」

そのときは、ふだん通りの明るい国枝だと感じていたが、隠していたことがあった。

1月の全豪オープンのときに、父良一に食道がんが見つかった。ステージ4で余命半年と宣告された。両親は2013年に離婚し、姉の麻衣子は国際結婚してオーストラリアで暮らしていた。コロナ禍で出国するのが難しい国だった。姉が3月末に帰国するまで、一人暮らしだった父を、妻の愛を中心に介護することになった。

「東京パラリンピックを楽しみにしている」

そう話していた父は、6月の全仏オープンの期間中に息を引き取る。

出発前に見舞ったとき、父の衰弱ぶりを目の当たりにして、もう長くもたないと、国枝は察した。だから、周囲にはこう伝えていた。

「仮に全仏の大会中に父が死んでも、パリにいては何もできない。なので、僕には知らせないでほしい」

国枝は決勝でアルフィー・ヒューエット（英国）にストレート負けし、全豪オープンに続き、優勝はお預けとなった。試合直後、国枝はオンラインの記者会見に臨む前に、妻の愛から父の死を知らされた。


国枝自身の体調も、年明けから悪化していった。背骨の下部にある仙腸関節の障害に起因する腰痛で、体をかがめるのもつらくなった。コートに落ちているボールを拾うだけでなく、車いすをこぐ動きをするだけで、激痛が伴うようになった。世界屈指の俊敏なチェアワークを武器とする国枝にとって、死活問題だった。

キャリアの集大成と位置づける東京パラを控えた春ごろ、国枝は妻の愛に、愚痴めいたことを口にしていた。


「オレ、持ってなかったなあ」

自国開催のひのき舞台を目前に、さまざまな困難が降りかかる非運を、遠回しに恨んだ。

「最善を尽くしているじゃない」

夫のサポートだけでなく、義父の介護に奔走していた妻の愛は、そんな慰めで寄り添うしかなかった。

■　■　■　■　■

東京パラ前の最後の4大大会となったのが、ウィンブルドン選手権だった。

初戦の前にオンラインの記者会見があった。

課題であるバックハンドショットの成熟度について、質問された。

――リオのパラの後、バックハンドの打ち方を試行錯誤しながら変えてきました。理想は果てしなくあるだろうけれど、どれくらいできあがった感じですか？

「それは難しいところにありますね、時期によっては100点でしょというときもあるし、70点と思うときもある。対戦相手が僕以上に良いショットを打ってくると、100点だと思ったものが70点だったりもする。そういう意味においては、今年は全豪、全仏と負けていますし、自分のテニスが100点とは言いがたい」

対戦相手との、あくまで「相対的」な観点で、話を進めた。

「自分自身のプレーに関しては、昨年に比べて劣っているとは思わないですけど、相対的に対戦相手が良くなってきている面がある。そもそも、自分自身の技術については、僕自身なら、若いときにめちゃくちゃ勝っていたときも含めて、なかなか100点は与えられないいんじゃないかな、と思います」

「今日の自分は昨日の自分より強い」ことをめざし続ける国枝にとって、キャリアが現在進行形である限り、満点はない。

捨てた世界1位の誇り

ウィンブルドン選手権の初戦で、リオパラの金メダリスト、ゴードン・リード(英国)に6−1、2−6、3−6で敗れた。

2021年は、全豪オープン、全仏オープンに続き、ウィンブルドンでも結果が出ず、4大大会の優勝はゼロで東京パラを迎えることが決定した。

試合後のオンラインの記者会見は、定石通り、試合の振り返りの質問から始まった。

私はストレートに聞きたい質問があったので、すぐにZoomで「挙手」のボタンを押した。似たような質問を先にされると、答えがダブってしまうので、それを避けたかった。これから書く記事の刺激的なタイトルとしてイメージしたのが、「国枝、初戦敗退で東京パラに黄信号?」だった。

――おつかれさまでした。一番聞きたいことを聞きます。試合は終わったばかりなんですけど、国枝選手、パラは大丈夫なのかというファンの声もあるかもしれません。まだ、東京パラまでしばらくあります。どんな風に地元の大きな大会に向かっていきますか?

「芝は芝なので、というところはある。ハードコートはまた別の大会になると思う。東京パラと同じハードコートで自分のテニスがどれだけ通用するのか、イギリスに残ってノッティンガムでハードコートの大会があるので、本当の実力を確かめないといけない」

まだ一度も優勝していないウィンブルドンは、芝生のサーフェス(表面)だ。ハードコートでは車いすの進み方もボールのバウンドも違う。なので、単純にハードコートが舞台の東京とは比べられない。そう前置きしてから、危機感を口にした。

「世界ランキング1位ではあるけれども、今年の結果は相当良くない。内容も良くない。ランキングが試合中に邪魔しているところがあるのかもしれないですね。完全な挑戦者モードに自分を持っていけない。どこか守っちゃっているというか、置きにいっちゃってるというか。相手をたたきつぶすんだみたいな気持ちを最初から最後まで持続しないといけない。メンタル的にはそういう感じかな。技術的にはどうですかね、このままでいくかどうか、まあでも、なかなかね、ここから変更するのもちょっとリスキーなところもあるし」

そして、改めて自分に言い聞かせるように続けた。

「ただ芝は芝なので、というところはある。あんまりうつむかず、前を向きたいと思います」

記者会見は終わった。司会が「皆さん、ありがとう」と締める際、オンライン会見に出ていた日本の報道陣に対し、かぶせ気味に国枝が言った。

「すいません、夜遅くまで、ありがとうございます」

しっかりと、強い語気で。でも、その心中は東京パラに向けての暗雲が垂れ込めているのではないか。私には、そんな想像が働いた。

■　■　■　■　■

チームジャパンの絆

東京パラリンピックの開会式は8月24日だった。首都圏はコロナ禍で緊急事態宣言が出され、東京大会の組織委員会はすべての会場で一般客を入れないことを決めていた。

私は、世論が批判的な中で「強行」された東京五輪の取材を終え、肉体的にというより、心が疲弊していた。

そもそも東京五輪が近づくにつれ、日増しに悩みと葛藤が強まっていった。万が一の中止の「Xデー」に備えた頭の体操をしつつ、同時並行で本番に備えて、国枝をはじめ、選手たちの取材を進める。ニュース番組のキャスターがコロナ禍を深刻そうに伝えた後、別のキャスターが「続いてスポーツです！」と一転、明るいトーンで声を張る。あの違和感を一人で演じる気分だった。

準備に奔走する大会組織委員会の知人から漏れる本音は悲痛だった。「常識で考えたら中止ですよ。でも、世界最大のスポーツイベントを今、私が放り出すのは無責任でしょう」。猛烈に正常性バイアスを働かさなければ、心が折れそうな毎日だったと想像する。

しかし、五輪に比べて、パラについては世論の反対は少なかったように思う。日本側に巨額の追加負担を押しつけたＩＯＣのバッハ会長が表舞台を去り、国際パラリンピック委員会（ＩＰＣ）にバトンが引き継がれていた影響があったのか、なかったのか……。

東京パラの開幕前、国枝がセンターコートで練習している、と聞き、有明の森テニス公園に足を運んだことがあった。練習後の雑談で、元気そうな国枝を見られて、強がりではなさそうなその様子に安心するとともに、復活の金メダルに向けた記事のアウトプットを本気で考えなくては、と気が引き締まった。同時に、パラはコロナ禍にとらわれず、純粋にスポーツライターとして、国枝、上地結衣らこれまで取材してきた選手の躍動を追いかけようと気持ちが固まった。

■■■■■

24日夜、開会式が行われた国立競技場には雨が降っていた。

日本選手団主将で選手宣誓の大役を任された国枝は、雨で湿ったスロープを車いすで上り、ゴールボール女子の浦田理恵とともに、壇の中央へ。右手にパラリンピックの旗を持って、持ち前の渋みのある声をスタジアムに響かせた。

2021年9月の東京パラリンピックの開会式では、日本選手団主将として選手宣誓の大役を任された。(写真：ロイター／アフロ)

「パラスポーツを通じて世界をより良い共生社会にするために、このパラリンピック競技大会に参加することを誓います」

記者席で聞いていた私は、宣誓の中の「より良い共生社会にするために」というワードに引っかかった。台本通りに読まないといけないのは知りつつ、「共生社会」という言葉を、ふだんの国枝は好んで使わないからだ。

「だって、共生ってあえて強調する時点で、なんか分断していることが前提じゃないですか。違います?」

そもそも、「共生社会」を実現するためにテニスをやっているわけではない。観客を熱狂させるような圧倒的なパフォーマンスで、パラリンピックって、純粋にすごいな、かっこいいなと思ってもらうために、ベストを尽くす。

それが国枝の言い分だった。

開会式で、私の担当は国枝の記事だった。私は宣誓の文言には触れず、本人のこの大会にかける思いで締めた。

「自国開催の大会で、パラスポーツという枠組みを超えたいですよね。単純明快にエンタメとしてお客さんが見たいレベルまで、車いすテニスを高めたい」

■　■　■　■　■

男子シングルスで世界ランキング1位の国枝は第1シードになった。8月28日、初戦の2回戦でスロバキア選手に6－0、6－1で圧勝した。

試合後、国枝に感想を求めた。

「自分自身のどのプレーが調子良いのか、ちょっと硬いのか、しっかりチェックできた試合。自分自身のコンディションもすごく良いと思っている」

インタビューが行われたミックスゾーンには少しリラックスムードが漂っていた。

——ほかの競技の日本勢も好調です。

「すごく刺激を受けますし、思った以上にテレビで放映してくれているので、それがまずうれしい。自分自身も好きなバスケだとか、球技を見るとやっぱりテンションが上がるので、あまり寝る前に見ないように、昨日からは加減してますけど」

2016年のリオ五輪で銅メダルを取った錦織圭が、ベスト8入りを決めたときに話した言葉を、私は想起した。

あの夏、錦織は体操の男子個人総合で劇的な2連覇を飾った内村航平について、「金の重圧を背負いながらの金は、ものすごく感動した」と興奮気味に話した。7人制ラグビーの日本代表についても、「同じ日本人であれだけかっこいい活躍をされると自然と燃えます」。一方で、ジレンマも吐露した。「本当は第三者として見たいですけど、僕も戦わないといけない。あまり油断もできないというか、見て感動している場合じゃない」

国枝も自国開催で「チームジャパン」の絆を、実感しやすいのだろうと想像した。

宿敵とリオの金メダリストに完勝

8月30日、国枝は3回戦で、16歳下で初出場の中国選手を55分で退けて8強入りを決めた。対戦した若手の印象については、ベテランらしいコメントだった。

「良いテニスをするけれど、何が足りないかと言われれば経験値」

また、準々決勝に向けたコメントも同様だった。

「ここからガラッとレベルが上がりますし、ここからが本番だと強く感じます」

■　■　■　■　■

9月1日の準々決勝は、過去60度戦い互いに手の内を知るステファン・ウデ（フランス）との対決だった。

国枝は第1セットで2－5とリードされた。ここで、トップスピンをかけて山なりの弾道でネットを越す「安全策」を捨て、球にかける回転を少なめにし、ネットのすぐ上を通す直線的な軌道の球種に変えた。ネットにかかるリスクもあるし、カウンターで返球される可能性も高まる。その意図を、試合後に確認した。

「自分から攻めないと一生ラリーが続いてしまう」

腹をくくったことで流れが変わった。7－6、6－3。終わってみれば、2時間18分のストレート勝ちだった。

「今日から誰が勝ってもおかしくない試合になっていますし、こういうタフな試合を勝ちきることで、次の試合がより良くなってくるはずなので、また、準決勝、自分にすごく期待が持てる内容だと思います」

一番頼りになったショットを聞いた。

「バックハンドのダウンザラインですね」

この試合では、バックハンドを使ってサイドライン沿いを射抜く決定打がしり上がりにさえた。その「トップスピン」をかけたショットこそ、国枝が車いすテニス界で定着させたものだ。防御的な「スライス」と違い、一発で仕留める決定力がある。

健常者と違い、フォアと同じ面で打つのが特徴だ。車いすの選手は立ち上がれないので、高く弾む球に対処するには、このほうが力を乗せやすい。習得した2006年、国枝は世界ランキング1位に駆け上がった。いわば「代名詞」ともいえるショットだ。

■ ■ ■ ■ ■

9月2日の準決勝では、リオの金メダリストで、直近のウィンブルドン選手権でも苦杯をなめた第5シードのゴードン・リード（英国）との顔合わせになった。第1セットで先にブレークを許し、0－2と先行されたものの、6－3、6－2でストレート勝ちし、銀メダル以上が確定した。試合時間は1時間24分と消耗も抑えられた。

ミックスゾーンでの国枝の言葉は、常套句《じょうとう》と言われるのを覚悟で書くと、弾んでいた。

――すごく気迫が感じられるプレーでした。

「今日は僕の100％が出た試合だった。序盤にリードされましたけど、こちらのプレーは全然悪くなかった。それが昨日との違い。昨日学んだことを生かせた。焦らずにいつかは自分の流れが、このテニスをしていたら来るでしょ、と思いながらやっていました」

――リオで逃したシングルスのメダルが確定して、すごいガッツポーズでした。自国開催の重圧はありましたか？

「タフなスケジュールですけど、あんまり疲れていない。自国開催というのが後押ししてくれているのかな。6歳ぐらい若くなった感じはします」

軽口も出るのは、好調な証拠だ。

東京パラは「無観客開催」だったので、選手の声もよく聞こえる。国枝は打ったびに、言葉を発していた。

――サーブのときとか、言うことを変えているんですか。秘密でなければ教えてください。その効果も。

「今日はいろいろ変えましたね。メンタル面も大会中やってるところがあるので、『自分がやるべきことは知ってるぞ』と常に言い聞かせながら。サーブなんかも途中迷いが出たとき、弱気になったとき、『やるべきことはわかってるぞ』と言いながら打っていました」

――昨日の準々決勝は、ラケットが振り切れていないから飛ばなかった。今日は振り切れていたので、ちゃんと飛んでいた。その変化が起きたのはなぜですか?

「昨日、タフな試合をしたのは大きいですね。昨日は2－5までは自分で帰ってからビデオを見ましたけど、ひどい試合をしていました。その2－5からまくれた理由としては腹が据わり、やるべきことにフォーカスできていたことに尽きると思います。

今日は最初からそのモードで行こう、と。劣勢でも常に自分自身のテニスをやりきって、ポイントを終わろうという風に決意をして臨んだことが、勝利につながったと思います」

三つの呪文

準決勝は、自分たちがよく知る「絶対王者」時代の国枝慎吾が戻っていた。たった1日でガラッと変わった要因は何なのか。

後日談として国枝から詳しく聞いたのは、アン・クインのサポートだった。国枝のキャッチフレーズになった「オレは最強だ！」の誕生に深く関わったオーストラリア人だ。ウィンブルドン選手権のころから、毎日、オンラインで話し合った。アンは試合のルーティン、つまり決めごとを重要視する。

どんな風にスイッチが入ったのか。

ここでは、背中を押した側であるアンの証言で振り返りたい。私が2024年1月にオーストラリア・メルボルンに滞在していたとき、アンはこの件についても詳細に語ってくれた。

「シンゴが東京パラリンピック前のウィンブルドンで初戦敗退したころ、はっきり言いました。シンゴ、本気でやるなら、私とのカウンセリングを毎日やらないといけない。金メダルを取りたいなら、一日も休まずにやる必要がある。そう伝えたら、シンゴもやる気になった」

先にも書いたようにアンの専門はメンタルトレーナーにとどまらない。テニスの技術的な指導もできるから、国枝のフォームの細かな乱れを見抜く力がある。

「サーブ、ボールトス、打ち方。さらに、心理面でのマインドセットやルーティンについて、すべて細かく改善すべき点を指摘して、シンゴに渡しました」

最も心を砕いたのは、自信を回復させることだった。

アンが学んできた理論によれば、人間が本来持っている潜在能力は、今発揮している力の3万倍あるという。だから、自覚しているもの、つまり「顕在意識」ではなく、眠っている「潜在意識」に働きかけ、呼び覚ますことの大切さをアンは説いた。

「シンゴはバックハンドのショットについて自信を失いかけていた。だから私は訴えた。

シンゴ、あなたのバックハンドは車いすテニス界で最強、世界一だと。今のあなたは自分を信じられないだけ」

決めゼリフがあった。

「私はあなたが自分の力を信じている以上に、あなたの力を信じている」

国枝のノートに次の三つのキーワードが書き込まれたのは、ウィンブルドン選手権の後だった。アンから授けられたこの三つの言葉を、東京パラの間、国枝は呪文のように唱え続けた。

「I CAN DO IT（自分はできる）」
「I KNOW WHAT TO DO（やるべきことはわかっている）」
「I AM INVINCIBLE（オレは最強だ）」

アンの話を聞いていて、私の頭に、ある疑問が浮かんだ。

自分がカウンセリングする選手本人よりも、選手のことを信頼していると言い切れるものなのか。それは、誰にでも使うメソッドなのか。それとも、国枝だから確信を持って、伝えられたのか。

「シンゴはやるべきことを愚直に、完璧にこなす継続力がある。だから信じられたし、諭し続けた。私は過去にも素晴らしい才能を持つ選手をたくさん見てきたけれど、残念ながら、その潜在力を最大限に発揮できる人は限られている」

アンはオーストラリアが生んだ名選手、パット・ラフターを例に挙げた。ラフターが世界ランキング700位台のころから指導したという。のちに世界ランキング1位になり、全米オープンも2度優勝した名選手だ。ただ、ラフターはアンが指示したルーティンについて、自分が必要なときにやる、というスタンスだったという。

「日々こなすべきプログラムを1日やるのは難しくはない。ただ、継続し続けることは容易ではない。ラフターは、私が一緒のときは日課としてこなすけれど、遠征に出たときは半分ぐらいしかやらないという感じだった」

ラフターの潜在力をもってすれば、もっと多くの栄光をつかんでいたかもしれない、とアンは振り返った。

「STABBA」で突き刺せ

国枝とアンは東京パラの期間中も連日、カウンセリングを続けた。2006年に「オレは最強だ!」を授けて以来、15年間、常に寄り添ってきた蓄積をすべて吐き出すかのように。

アンが国枝の指導に没頭できたのは、コロナ禍が深く関係していた。世界的に見ても、アンが暮らすメルボルンはロックダウン期間が長かった。

「東京パラの期間中、自宅から5キロメートル以上離れてはいけないし、1日に1時間以上外出してはいけない、という厳しい規制がかけられた。だから、ずっとシンゴのプレーをパソコンで見ていたし、アドバイスを考える時間もあった」

現地のスタンドで観戦するよりもテレビで視聴しているほうが選手の顔がアップになるため、表情を読み取りやすい。目に宿る力も観察できるので、確信を持って助言ができた。アンが危機感を持ったのは、国枝が4強入りを決めたウデとの準々決勝だった。

「第1セットで2－5とリードを許して、すごくイライラした。ルーティンはこなしているんだけれど、心の底から信じてやっているように見えなかった。このままでは残り2試合を勝ち抜けるか、不安があった」

アンは新しいコンセプトを考えることにした。浮かんだのが、六つのキーワードの頭文字を取った「STABBA《スタッバ》」だった。

英語で「ｓｔａｂ」は、突き刺す、といった意味を持つ。国枝の心に突き刺す、射抜く言葉の集合体という意味合いがあった。

「S」は「SHAKE（揺らす）」。

サーブを打つ前、リターンの直前に、肩を揺らす、つまり、リラックスを心がけることを説いた。もちろん、国枝は準々決勝までの試合でも心がけてはいた。ただ、足りなかった。だから、国枝への説明用に作成したパワーポイントでは「REALLY SHAKE（本気で揺らせ）」と強調した。

「T」は「TRUST（信じる）」。

これは「I CAN DO IT（自分はできる）」「I KNOW WHAT TO DO（やるべきことはわかっている）」「I AM INVINCIBLE（オレは最強だ）」を再確認させるための言葉だった。

「A」は「AGGRESSIVE（攻撃的に）」。

これは文字通り、攻めきる気持ち。ネットに引っかけるかも、ベースラインをオーバーするかも、という弱気の虫を追い出し、覚悟と勇気を持ってボールを打ち抜く大切さを説いた。

「B」の一つ目は「BREATHE（息を吐く）」。

ショットを打つときに息を止めていると、どうしても肩も腕も硬直してしまう。ラケットをしならせる意識での脱力ができない。だから、緊張を体の外に吐き出す気持ちで息を吐くアドバイスをした。パワーポイントには、過去の口をすぼめて打っているショットと、叫ぶように口を開けて強打しているショットの写真を、並べて貼り付けた。

「B」のもう一つは「BUS（バス）」。

ここでいきなり、名詞が入る。国枝もこの解釈は迷った面もあったようだが、アンの説明はこうだった。

「例えるとこんな感じ。バスに乗っていて、停留所で降りたら、その時点でその旅は終わる。そして、次の目的に向かう。試合中、一つのポイントが終わったら、もう次のポイントに集中すべき。失点を悔やみ、クロスに打つべきだったとか悩んでも仕方ない。だって、もうバスは行ってしまっている。もう一度乗り直すことはできないのだから。要は、目の前の1ポイントに集中しなさい、過去を振り返るな、という教えだった」

最後の「A」は「ACKNOWLEDGE（認める）」。

これは、自分自身を認める、強さを信じる尊さを伝える言葉だった。

国枝に当時の記憶をたどってもらった。

「ＳＴＡＢＢＡは準決勝の前に突然、アンにプレゼンされたんです。このキーワードはどうだと。準決勝でもけっこう使っていました。こうしたキーワードだと覚えやすいし、前向きで攻撃的な気持ちになれた。すごく効いていました」

復活の金メダル

決勝は９月４日、ひどい雨だった。

当日、アンは国枝と話した。そして、大会中、支えであり続けた三つの暗示的な「呪文」を大声で叫ぶように指示した。

アンが振り返る。

「部屋に一人でいるのだから、誰が聞いているわけでもない。メルボルンにいる私の心にも響くように、自分の心を解放して、潜在意識に潜り込ませるように叫びなさいと言いました」

過去の大会の大事な場面ではコートに入場する直前まで、近くで寄り添い、その場でささやくことで国枝の潜在意識に働きかけることができた。でも、今はロックダウンで自宅から離れられない。だから、いつも以上に厳しく言った。アン流の「洗脳」ともいえる。

屋根を閉めた有明コロシアム、試合開始は午後8時半を過ぎたころだった。

新聞記者にとっては厄介な時間帯だ。試合が長引くと、朝刊の原稿締め切り時間に間に合わない恐れがある。ファイナルセットにもつれこんだら、かなりピンチだ。

しかし、国枝は過去9戦全勝のトム・エフベリンク（オランダ）に対し、第1ゲームのサービスゲームこそブレークを許したものの、その後は6ゲーム連続で

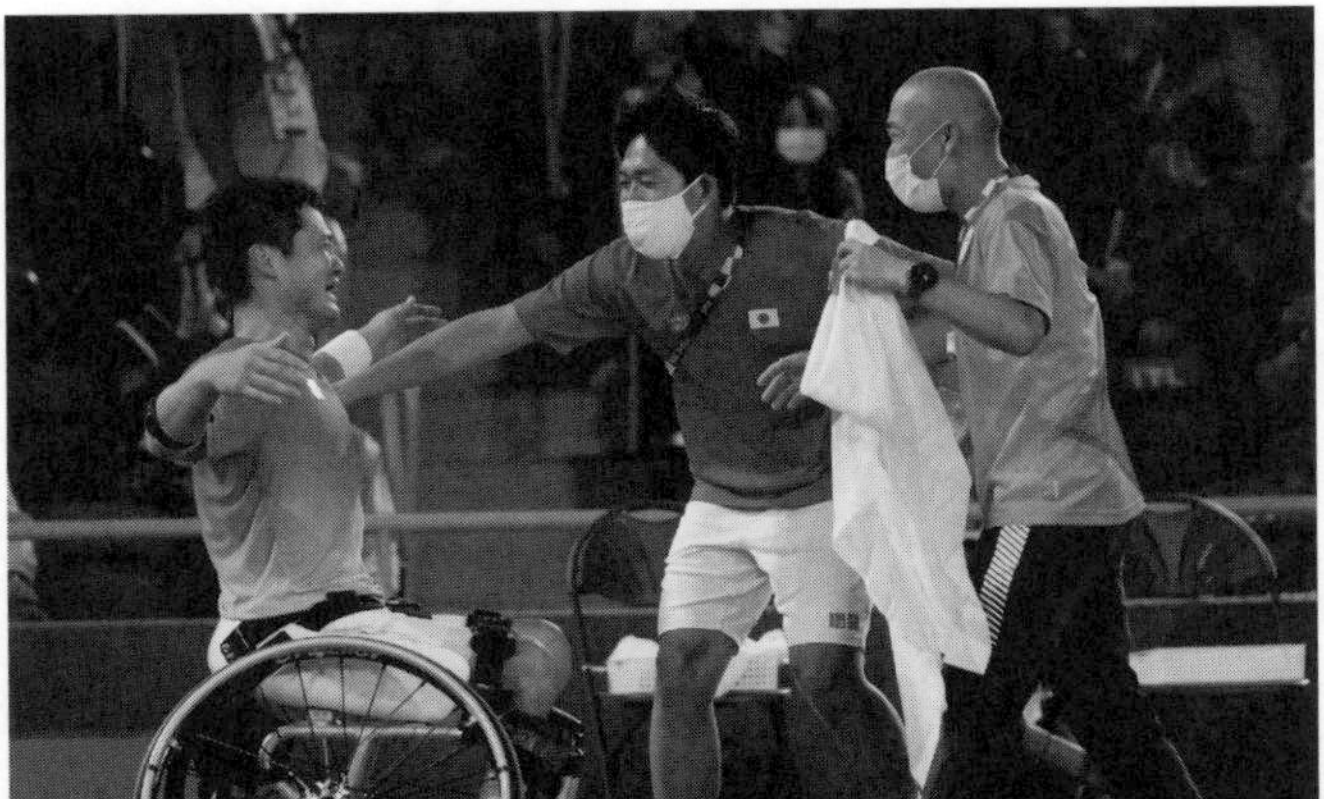

2021年9月、東京パラリンピックで優勝し、トレーナーの北嶋一紀（中央）、コーチの岩見亮（右）と喜びを分かち合う。（写真：青木紘二／アフロスポーツ）

奪って第1セットを制した。

記者席で見ながら、第2セットの終盤には原稿を仕上げ、送信することができた。朝刊の早版にも、**「国枝の復活金メダル」**の結果は載った。

翌5日の朝刊の記事は、**「最強の国枝がいる　鬼気迫る、精度も威力も」**というタイトルだった。

鬼気迫る。怒気を含む。国枝慎吾は今大会、そんな顔が目立った。コートで相手をにらみつける。ふだんの4大大会より怖かった。

パラリンピックまで2カ月を切った7月のウィンブルドン選手権で初戦敗退した。「パラは大丈夫か?」と試合後の会見で聞いた。

「今年は結果も内容も良くない。グワッと相手をたたきつぶすんだ、みたいな気持ちが最初から最後まで持続しないとやられる」

磨き上げた技術面をいじる猶予は、もうない。ラケットに書いて貼っている「オレは最強だ!」を信じられるか。腹をくくった。

この日の決勝は過去9戦全勝のエフベリンク(オランダ)との対決だった。右ひじを手術し、コロナ禍での延期がなければ出場も無理だったという。無欲の挑戦者は脅威にもなるが、国枝は厄介なスライスを攻略した。

右ひじ痛を抱えていた前回リオデジャネイロ大会の準々決勝で負けたとき、言った。「若手が伸びているのは認めざるを得ない。またやり直したい」。金メダルは24歳のリード（英）だった。限界説、世代交代論が耳に入ってきた。右ひじの痛みが癒えず、引退が頭をかすめた時期もあった。痛みが出ない打法の研究を重ね、復活を遂げた。

今大会の準決勝で、先のウィンブルドンでも苦杯をなめたリードに圧勝した。37歳の日本選手団主将は、全5試合で1セットも落とさず、2大会ぶり3度目の頂点に立った。「夢の中にいるような気持ち。この日のためにすべてを費やしてきた」


この原稿、告白すると今から直せるなら改善したい箇所がある。

「磨き上げた技術面をいじる猶予は、もうない」と書いたが、後日、詳しく聞くと、猶予がない中でもギリギリの試行錯誤は直前まで続けていた。

修正というより、「原点回帰」と呼ぶのがふさわしいかもしれない。

原点回帰の英断

国枝によると、ウィンブルドン選手権の初戦で敗れた後、バックハンドの握り方であるグリップ、そしてスイングを、2020年の全豪オープン、全米オープンを制したときのバージョンに戻すことを決めた。

「7月のウィンブルドンで初戦敗退した後ですね、このままじゃいかんぞと思ったのは。納得いくプレーとはほど遠かったので」

東京パラの開幕は1カ月半後に迫っていた。

問題点はわかっていた。2021年2月の全豪オープンで優勝を逃し、現状維持では金メダルは難しいという危機感から、3月に高い打点でも強打ができるようバックハンドの改造に着手していた。グリップやテイクバックの修正で試行錯誤の最中だった。

「改造したことで高い打点で強く打てる手応えはつかみつつあったんですけど、ほかの打点のショットが相手にとって怖さのないものになっていた」

2018年春からコーチに就任した岩見亮《たすく》に意見を求めた。

TTCでヘッドコーチの重責を担っていた岩見を、プライベートコーチになってほしいと口説いたのが国枝だった。全日本選手権のダブルス王者としての実績を持つ岩見だったが、車いすテニスを指導した経験はなかった。

「新しい風、何か変化を求めたい」

それが国枝の思いだった。

TTCの経営陣は、強く難色を示した。コーチ陣を束ねている大黒柱が抜けるのは、テニススクールにとって損失だし、穴を埋める人材を探すのは容易ではない。

「最終的には、僕自身がやる、と強く言ったので、誰も止められなかったですね」。そんな岩見の心意気、さらには国枝の熱意に、周囲が折れた。

岩見が当時の思いを明かしてくれた。

「内心はびびっていましたよ。車いすテニスに関わったことがないコーチで、結果が出なかったら批判を浴びるだろうな、とか」

周囲の反対もあったし、断ることはできた。それなのに、なぜ引き受けたのか。

「それまでと同じことを続けるか、新しいことに挑戦するか。僕のミッション、哲学として、せっかくなら、あらゆることを経験したかった。テニスのプロもやったし、ジュニアの育成もやったし、ならば車いすも、と。そこに舞い込んだのが、国枝慎吾なわけですから。彼の人間性も知っていましたし、仮に失敗しても、後悔はしない。そう思えました」

東京パラに向けて、バックハンドのグリップをどうするかという問題に、話を戻す。

岩見は、全豪オープン、全米オープンを制した2020年のころのフォームに戻したほうがいいと考えていた。高く弾むボールへの対処は、逆に前に出ることでバウンドの上がりばなをたたく戦法で乗り切ることができる、と踏んでいた。

時間の猶予はない。英国遠征から日本に戻ったのは、パラ開幕まで3週間のタイミングだった。3カ月間、懸命に取り組んだフォーム改造は、すでに体に染みついていた。

国枝には、戻そうと思っても戻りきっていない感覚が残っていた。岩見とも衝突した。

「しっくり来ていない不満が僕から出る。首をひねる回数が増える。これじゃあ、東京パラは厳しいですよねと愚痴ることもありました」

やりとりは、口論に近いボルテージになったこともあった。


幸い、岩見はぶれなかった。

「やると決めたんだから貫こうよ」

伴走するコーチの胆力が、結果的に国枝を救うことになる。

焦りから国枝は眠りが浅くなった。睡眠導入剤に頼る夜が始まっていた。


国枝は、7月の時点でバックハンドを再びいじろうとしたとき、そのまま続けていたほうがまとまったテニスがある程度保証される、という考えが、毎夜のように頭をよぎった。その考えをうち消す、もう一人の自分も現れた。

「仮にそれで銅メダルを取れたとしても、僕のこれまでのキャリアで満足するのか」

「ボロボロになるかもしれないけれど、攻撃力が取り戻せるかもしれない挑戦にかけるべきじゃないか」

国枝はラケットバッグに3冊のノートを入れていた。2010年ごろからのフォームなどに関する自分自身の気づきをメモしたものだ。何かヒントはないか。全部をさかのぼって読んだ。

■ ■ ■ ■ ■

突然調子が戻ったのはパラ開会式の4日前。同じく日本代表の荒井大輔との練習試合のときだった。

「突然舞い降りてきたんです。ときどきある感覚ですけど、一気に希望が膨らみました」

ギリギリで間に合い、本番の快進撃に結実した。

99・99%信じていなかった

金メダリストに返り咲いた国枝は決勝の後、表彰式やテレビ向けのインタビューがあり、なかなか活字メディアの記者たちが待つミックスゾーンにやってこなかった。屋根はあるものの、取材ゾーンは屋外だったため、床にはかなりの水たまりができていた。靴の中に水が染みこんだ。でも、国枝の復活金メダルの目撃者になれた高揚感が、湿った靴下の不快感を帳消しにした。

国枝が来た。ミックスゾーンを仕切る広報担当から、質問は一人2問まで、というお願いがあった。

何を聞くか、いつ聞くか。私はまずは様子見した。主なものを紹介する。

——2大会ぶりの金メダル、率直にどんな気持ちですか？

「いやあ、本当に信じられないの一言ですね。あの勝利の瞬間もやっぱりそう思いましたし、マッチポイントも全然覚えていないんです。一生分泣いたし、もう涙は枯れました」

——日本選手団主将としての、今だから言える重圧、苦悩は？

「こういう役目を受けると、縁起が悪いと聞いたりもしたので、引き受けたすぐ後は大丈夫かな？と思ったりもしたんですけど、受けて良かったですね。僕自身、あんまり言葉で引っ張るタイプじゃなくて、結果だとか、自分自身のパフォーマンスで示そうと思っていた。こうして金メダルが取れて、日本選手団にも貢献できて良かったなと思います」

私からも二つ質問した。

――2年前、楽天ジャパンオープンはかなり観客が入り、パラも満杯でできると期待していました。結局、無観客開催になりましたが、NHK総合でも生中継されました。多くの人が見ていただろうという思いは?

「楽天ジャパンオープンのとき、東京パラの舞台はもっとお客さんも入って相当楽しくなるぞ、というのは夢だった。でも、この状況では仕方がないし、思っていた以上にテレビで放映していただいて、日本の多くの方々に車いすテニスを見ていただく機会があったと思う。それは金メダル以上の価値かな、と思います」

――リオでは準々決勝で負けました。若者の台頭を認めざるを得ないと話していました。正直、東京でここまで戻ってこられると信じていましたか?

「もう99%、信じていないです。それくらいひじの問題もありましたし、自分自身のテニスも、彼らのレベルにまた追いつけるのか、追い越せるのかというところは、99・9％疑っていた。新しいフォームにトライして、痛みともお別れできて、ちょっとずつ軌道に乗ってきた。2018年に世界ランキング1位を奪還した。そういうことをリオが終わった直後は信じてなかったですし、こうして金メダルを掲げているというのは、99・99％になりますけど、それくらい信じられないことです」

0・01％の可能性。それを追い求め、あがきながらも引き寄せる努力を怠らなかった先の、涙の金メダルだった。

優勝が決まった瞬間、まず脳裏に浮かんだのは、自分の東京パラでの晴れ姿を楽しみにしながら、開幕の3カ月前にこの世を去った父の顔だった。

写真：PA Images/アフロ

第6章
生涯ゴールデンスラム

引退を回避した妻の気配り

最後のビッグタイトルのアシスト役を務めたのは、国枝慎吾の妻、愛だった。

車いすテニスの主要大会の中で、国枝が唯一、経験していなかったのが、ウィンブルドン選手権のシングルスの優勝。テニスで世界最古の歴史を誇り、伝統と格式で知られる「聖地」の栄冠とは無縁だった。

「絶対王者」がなぜ今まで取れていなかったのか、と疑問に思われる人が多いかもしれないが、ウィンブルドンで車いすテニス部門のシングルスが採用されたのは2016年と歴史が浅い。ほかの4大大会と違い、唯一、芝生のコートで行われるので、一人でコートをカバーするのに車いすの操縦が難しい、とされてきた。リオパラでシングルス金メダルのゴードン・リード、銀メダルのアルフィー・ヒューエットといった地元・英国勢の台頭が採用を後押しした面もあっただろう。

国枝は2019年に決勝まで進んだが、頂点はつかめずにいた。

2022年、ついに「聖地」のタイトルをつかみ、最後のピースを埋めるのか。

新年を迎えるにあたり、私には気になることがあった。前年の東京パラで金メダルを取り、その年末に1年を振り返る企画で国枝にインタビューしたとき、オフレコを前提に腰に痛みを抱えていることを聞かされていたからだ。

2022年の元日、私は神奈川県の逗子《ずし》海岸から眺める富士山の写真を年賀状代わりのLINEで送った。「全豪に向け、腰の具合は上向きですか?」との文面を添えて。

国枝から返信が来た。

「富士山きれいですね!! こちらもこれからNTC(ナショナルトレーニングセンター)に行って練習なので、高速から富士山見てきます(笑)。腰はだいぶ良くなってきたので、もう少しだけテニスやります」

2022年も始動する国枝の宣言を聞いて、安堵《あんど》した。

文中の「もう少しだけ」の意味が気になったが、新年早々から詮索するのは控えた。しかし、国枝の引退後、妻の愛に舞台裏を聞くと、そのころ、国枝の中では引退へのカウントダウンが、かなり現実味を帯びていた。

愛が夫の様子を振り返る。

「東京パラを終わって、夫は『なんか、もうやりきったし、もういいかな』という感じで話していて……。全豪に行くかどうかもすごく迷っていて、『どうしよう、どうしよう』と。私はとりあえず行けば？　とりあえず行ったらいいじゃん、と話しました。あそこで引退していたら、後から絶対後悔するような気がしたので」

「私はかなり強めに行くほうにプッシュしました。コートに立てばアドレナリンも出るし、もうひと頑張りできるんじゃないか、と」

自宅でごはんを食べながら、国枝は腰が痛いと漏らすこともあった。でも、愛は、痛み止めの薬を飲み、治療もしながらプレーをする夫の体を気づかいつつも、何よりも、後悔してほしくないと願い、こんな励ましの言葉をかけた。

「とりあえず行ったらいいじゃん」

背中を押した理由の一つに、コロナ禍を取り巻く状況の変化があった。ちょうど2022年の全豪オープンから、4大大会の選手、コーチ、関係者らの人数制限などが解除された。それまでは選手とコーチの2人だけの遠征だったが、トレーナーを含め、人数制限が撤廃された。

「私が現地に行ったら、また違うかもしれないじゃん、元の遠征のスタイルに戻れるわけだし」

それが妻の説得材料だった。

また、コロナ禍の期間は、海外の大会に出て帰国してからもホテルでの隔離、自宅にいても2週間隔離などの窮屈さがあった。近所を車いすで散歩することも控えなければならず、自宅にこもる日々。そんな肩身が狭い気分を強いられることも、海外遠征に後ろ向きになる理由だった。

2022年1月の全豪オープンでは、引退への思いを胸に秘めながら11度目の優勝を遂げた。（写真：AP/アフロ）

■■■■■

2022年1月、全豪オープン出場のためにメルボルンに入っても、国枝の引退への思いは変わらなかった。

再び、妻の愛の述懐に戻る。

「全豪の決勝の直前も、これが最後の試合になると、本人は言っていたんです。感傷に浸る感じで、これが最後だなと」

「東京パラで、やりきったという思いが強かったんだと思います」

ウィンブルドンのタイトルを取らなかったらもったいないし、本人が後悔するのは目に見えていた。ただ、全豪オープンの期間中はそのことには深く踏み込まずに、夫の言うことを聞き流していた。タイミングを気にせずに思ったことをズバズバ言うと、かえって頑なになる恐れもある。10年間連れ添ってきた夫婦ならではの、あうんの呼吸だった。

国枝は、順調に勝ち進んだ。決勝でアルフィー・ヒューエット（英国）に7－5、3－6、6－2のフルセットで勝ち、全豪オープン11度目の優勝を遂げた。モチベーションを失いかけた中、世界ランキング2位の宿敵との打ち合いで、再び、球を追いかけ、打ち返す喜びを見いだした。

優勝スピーチでは、「また、来年も戻ってくるよ」とまで言った。結果的に、やりすぎのリップサービスになった。

妻の愛は振り返る。「本人は『ついつい言っちゃった』という感じでした。ただ、あの決勝をきっかけに、また技術面での修正、改善とか、ポジティブなマインドに変わっていったんだと思います」

6月の全仏オープン決勝ではグスタボ・フェルナンデス（アルゼンチン）を6－2、5－7、7－5のフルセットで破り、2018年以来4年ぶり8度目の優勝を果たした。相変わらずの勝負強さ。フルセットにもつれても、勝ちきる強さは健在だった。

ボーナス期間

水面下では紆余曲折がありつつ、国枝が「聖地」に戻ってきた。

4大大会のすべてとパラリンピックを制する**「生涯ゴールデンスラム」**がかかった大舞台。

私もロンドンに乗り込んだ。このころ、日本はまだ外出する際はマスクをするコロナ時代の「新たな日常」が続いていたが、英国は新型コロナについての規制がなく、入国もノーチェック。街でも大会会場でもマスク姿はほとんどいなかった。

2月の北京冬季五輪で宿泊先と会場という「バブル空間」から一歩も出られなかったのとは対照的だった。一方で、ロンドンを含めて英国内の新型コロナの感染者数は急上昇しているタイミングでもあった。

■　■　■　■　■

ウィンブルドンの会場で会った国枝はリラックスムードを漂わせていた。

「東京パラを終わってから、プレッシャーは感じていない。いいのか悪いのか、わからないですけど、開き直ってプレーできています」

私が対面で会うのは、東京パラ以来だった。こんな質問をした。

――東京オリパラから、もうすぐ1年。改めて自国開催の祭典を振り返ってもらえますか?

「2013年に東京開催が決まって、それを目標に7年、1年延期で8年頑張ってきた面がある。プレッシャーも自分自身かけていたし、今は金メダルを取れて解放された気分というか、ボーナス期間なのかな。今年は自分をあまり追いつめたくない。リラックスしてプレーしていいのかな」

直前の全仏オープンで4大大会デビューを果たした、売り出し中の16歳、小田凱人《ときと》についての質問にも答えてもらった。

「いやあ、本当にスーパータレントだと思います。テニスもかっこいいし、実際、すごく良い球を打つので。本当に、近い、すごく近い将来、トップになるんじゃないかな」

――小田選手が世界のトップに居続ける国枝さんを見習っている、と話していた。そうした視線を感じますか？

「全然思わない。そんなことないと思いますよ。僕より大人です。大人だな、と思いながら見ています」

――どんなところが？

「いやあ、だって堂々としている。考え方もしっかりしてそうなので、あの年齢で。

ちょっと話していると、25歳ぐらいに感じます」

■　■　■　■　■

7月8日、ヨアキム・ジェラール（ベルギー）を下して決勝進出を決めた後、国枝は改めてプレッシャーとの向き合い方について記者会見で聞かれた。

「東京パラの前ほどプレッシャーを感じてないし、今後、どこをめざしているわけでもないですし、長いテニス人生が、まあ長いかわからないけれど、残りのテニス人生は、存分に楽しめたらと思いながらやっている」

「東京パラが終わって、タガが外れたというか、ブレーキが外れて、頭の中がすごく自由になった」

少し意地悪な疑問が浮かんだ。「生涯ゴールデンスラム」がかかった決勝でも、そんな風に楽しめるものなのか。私は率直に尋ねた。

――私たちメディアは、プレッシャーをかけるのが仕事でもあるんですけど、大事なタイトルに王手をかけていても、過度なプレッシャーを感じなさそうですか？

「なさそうな気がしますね。まあ、もしかしたら日曜日、決勝の相手、イギリス勢ですし、超アウェーの雰囲気でやることになるかもしれない。プレッシャーになるかもしれないですけど、タイトルのために硬くなるとかはないかな、と期待はしてます。ふつうにベストなプレーを出すことに集中できそうな気がします」

自身の楽観的な期待は、裏切られる。

「聖地」の重圧

7月10日の決勝、国枝はアルフィー・ヒューエット（英国）との対決に挑んだ。2000人収容の3番コートは、地元のヒーローを応援する英国の大観衆で埋まった。世界ランキング1位の国枝と2位ヒューエットとの頂上決戦は、文字通りの死闘だった。記録として手元に残さなくてはと思い、私はプレスルームにある端末から、ポイントごとの詳細な経過がたどれる公式記録をPDFファイルで自分のパソコンに送信したほどだ。プリントアウトしたものが手元にあるので、名勝負の軌跡を丁寧に振り返ってみる。

■ ■ ■ ■ ■

国枝は第1セットを4－6で失った。あと1セットを落としたら、負けが決まる。

第2セットも一進一退。国枝は4－5とリードされて第10ゲームを迎えた。このゲームを落としたら敗戦。しかも、ヒューエットのサービスゲームだ。車いすテニスの場合、健常者のテニスと比べるとサービスゲームの優位性は低くなるものの、リターンゲームが受け身の立場であることに変わりはない。

最初の2ポイントはヒューエットが奪う。30－0《サーティ・ラブ》。あと2ポイントで国枝の敗退が決まる。

ところが、ここで優勝がちらついたのか、腕が縮こまったのはヒューエットだった。次第に第1サーブが入らなくなる。最後はダブルフォールト。国枝がブレークに成功した。

5－5に追いつき、その勢いのまま、第2セットを奪った。

最終第3セットも、国枝はゲームカウント2－5と追い込まれた。あと1ゲームを落としたら負けだ。

1－4ぐらいになったとき、国枝は、ある行動に出た。

自分の車いすのタイヤの空気圧を少し下げた。「聖地」ウィンブルドンはほかの4大大会と違い、芝のコートが舞台だ。ハードコートとは違い、試合をするコートによって、凸凹具合など、芝の状態は全然違う。決勝を戦った3番コートは、サーブを打つベースライン辺りが、大会終盤でかなり凸凹していた。サーブをするときは右手にラケットを持ち、左手でトスをする。車いすのタイヤを支えられないから、タイヤが動いてしまう。サーブが不安定になることが、決勝の第1セットが始まったときから、気になっていた。追い込まれた局面で、勝負に出た。

空気圧を下げることで、車いすのタイヤが地面とかみあい、トスに気持ちを集中することができた。

「1気圧の違いで、車いすの動きって、変わるんです。それは中島さんに教わったことです。あの決勝は、空気圧を下げた後、サーブへの不安が全くなくなりました」

国枝が試合のコートに空気入れを持ち込むようになったのは、「バケットシート」を作ってくれた中島博光と出会ってからだ。

「一流のアスリートたるもの、最低限の工具の使い方は身につけたほうがいい」

中島に出会ったとき、最初に諭されたのが、操る車いすに愛着を持て、だった。

車いすは「体の一部」が持論の師匠からのアドバイスを、国枝は実践していた。

国枝のサーブがしり上がりに安定したのとは対照的に、ヒューエットは勝利を目前にしたのが気負いにつながったのか、サーブが乱れた。

ヒューエットは、その後の三つのサービスゲームをすべてダブルフォールト絡みで失う。とくに第12ゲームは6ポイントのうち4度、第1サーブがフォールトになった。これで国枝は6－6と追いついた。

勝負の行方は、10ポイント先取のタイブレークにもつれこんだ。

「もうダメかもと思う自分と、いや、まだいけると言い聞かせる自分とが頭の中で戦い合っていた」

それでも、国枝は自分を信じ切れた。

「あそこからまくれたのは精神力。もう1回やれ、と言われても無理かな。あそこでスイッチを入れられるところが経験だな、と終わってみると思います」

最後のタイブレークは7ポイント連取で3時間20分の死闘に決着をつけた。強烈な日差しが照りつける中、疲労をのぞかせて根負けしたのは38歳の国枝ではなく、14歳下のライバルだった。

スコアは4－6、7－5、7－6（10ポイント先取のタイブレーク10－5）。ウィンブルドン選手権のシングルスを初めて制し、全4大大会とパラリンピックを制覇する「生涯ゴールデンスラム」の偉業を成し遂げた。4大大会のシングルスのタイトル獲得は通算28度目となった。

■　■　■　■　■

試合後の国枝は、感情の高ぶりの余

2022年7月、ウィンブルドンを制し、「チーム国枝」のアン・クイン、国枝愛、北嶋一紀、小野誠佳、北原大輔（左から）とカメラに笑顔。
（写真：PA Images/アフロ）

韻を残しつつ、充足感に浸っていた。

「とてもタフなマッチだった。僕のキャリアでも最もタフな試合の一つ。ただ、ネバーギブアップが試合のカギだった」

「芝の王者」として知られ、ウィンブルドンを大得意にしていたロジャー・フェデラー（スイス）から授けられた芝でのプレーのアドバイスを披瀝《ひれき》した。

「どのポイントもアタックしろ、ミスしても後悔するな、それがカギだとロジャーに言われた。だから、ミスしても構わない、とにかく攻撃的にいく、という考えだった」

勝利の瞬間、どう思ったのか。

「特別な瞬間だった。東京パラが僕のキャリアのハイライトだったけど、これも同じくらい欲しいタイトルだった。僕は38歳。これが最後かも、今日が最後のチャンスかも、と思っていたので、うれしい」

コート上のインタビューでは観客に「来年も会いましょう！」と約束した。まだモチベーションが残っているのか、記者会見で問われた。

「そうだといいですね。ほんとに、これで完結したな、というところも、その瞬間思った。また帰ってから、次に何をめざすかということはゆっくり考えたいと思います」

あれっ？　けっこう、軽い気持ちでの約束だったのか。リップサービスを額面通りに受け取れないぞ。私は、そう心に留めた。

「逆に言えば、これでいつでも、やめられるな、という思いも同時に持ったのは事実ですね。それくらい、このタイトルにかける思いは強かったです。もう38歳ですし、若い選手たちがこれから強くなってくる。年々厳しくなるはずなのはずっと思っていた」

決勝当日、突然、重圧が襲ってきたと明かした。

「朝起きて、東京パラの後、全豪、全仏とタイトルを連続で取り、ウィンブルドンを取るなら今日しかない、と思った瞬間、プレッシャーがかかってきた。昨日まではないと言ったんですけど、試合前は東京パラのころのメンタリティーに戻りました」

鏡の前で自分を見つめ、目がおびえていないか、確認して、コートに入った。実際、緊張からくる硬さは感じていたという。一方、喜びもあった。久しぶりに味わう重圧はしんどいと同時に、それがあるからこそ、勝ったときの喜びは倍増するのは経験則で知っている。やるしかない、と気持ちが奮い立ったという。

あと2ポイントで敗戦

あと2ポイントで負けが決まるという場面が2度あった。原稿を書く傍観者であった私は、正直、国枝の勝利をほぼあきらめていたが、本人はどんな心境だったのか。試合後に尋ねた。

――試合中、もう挽回は難しいかな、とあきらめたタイミング、ゾーンに入ったタイミングをそれぞれ教えてください。

「おっしゃるとおり、入り交じりましたね。もうダメかも、と思ったときと、いや、まだまだいける、ゾーン状態に入れば、こちらの流れになるはずだと言い聞かせている自分とがいました。その葛藤で、頭の中はせめぎ合っていました。相手もあと、2ポイントで勝利という場面があった。まくれたのは、メンタリティーとしか言いようがない。もう1回やれ、と言われても無理かな、と思います」

再現するのは難しいと、自ら認めた。

――生涯ゴールデンスラムへの意識は？

「東京パラを取った後、皆が残りはここだと思うわけで、周りに言われるたびに僕も意識していく。また、今年はすごく調子が良くて準決勝までもパーフェクトなゲームだったので、今日しかない、来年になったらまたきついぞ、と思って、プレッシャーがかかっていた部分があります」

――ダブルスを含めると、4大大会で50度目のタイトルになる。

「タイトルの数にはふだん無頓着ですけど、50回は節目でもあるし、昨日もダブルスをきっちり取れて50に届き、その区切りがウィンブルドンというのはまた特別です」

――次の全米オープンで優勝すれば、「年間グランドスラム」の達成にもなる。

「僕も神頼みするもんなんですよね。全米オープンの1回戦で負けてもいいから、ウィンブルドンを勝たせてくれ、と願って臨んだところはあります。今日勝てれば、もう残りの大会、全部負けてもいい、と思ってやりました。それくらいの気合がありました」

国枝の記者会見を聞きながら、そう遠くない将来に引退がありうるという実感がこみ上げてきた。

■　■　■　■　■

朝刊に向けて原稿を書き終えた私がプレスセンターの外に出ると、試合を見守ったアン・クインにばったり会った。

振り返ってみると、アンは国枝がキャリアの岐路に立ったとき、必ずといっていいほど、傍らで見守り、励ましてきた。逆に言えば、国枝がここは背中を押してほしい、と感じた局面で、アンとコンタクトを取ってきたともいえる。

アンは懐かしむように、吉田記念テニス研修センター（ＴＴＣ）で国枝と出会った２００５年からの軌跡にも触れた。

「シンゴは16年前から、誰にも負けない努力をしてきた。フォームを固めるのに何万球も愚直に打ち続けたし、肉体の強化、栄養の取り方にも気を配った。その土台作りから携わってきている私が言うのだから、間違いない。

そして、世界ランキング１位になっても、さらに自らを高めようと努力を続けた。完璧主義者のシンゴに、おめでとう！」

■　■　■　■　■

引退を発表して間もないころ、国枝にウィンブルドンのひりひりした決勝を振り返ってもらった。

――あと2ポイントで負けが決まる瀬戸際から、はい上がる強さ。「持ち前の勝負強さ」という表現以外に、どんな風に記事で説明したらいいのかを知りたいです。

「そもそもテニスって、勝利を目の前にした場面が一番難しいじゃないですか。どのスポーツもそうかもしれないですけど、卓球とか、対人の個人スポーツは1対1の勝負で、心理面が左右するので。逆に言えば、ビハインド、つまり負けているほうにチャンスがある。失うものがないから思い切りやろう、というメンタルになりやすい。常に、そう信じてやっていました。もちろん、それまでにそうした逆転勝ちを繰り返してきた経験則もあると思います」

逆境のときこそ、前向き思考で相手をのんでかかる。その経験値の差が、ヒューエットとの激闘を制した要因か。そう納得した。

■　■　■　■　■

もう一つの後日談を。

私は大会最終日にPCR検査を受けた。日本に帰るには、英国を出る前、72時間以内に検査を受けて、陰性証明書をもらう必要があった。決勝の原稿を書き終えたころ、検査結果がメールで届いた。件名は「POSITIVE」。ふつうは前向きな言葉で使われる「ポジティブ」だけれど、この場合は失意の「陽性」。新型コロナウイルスに感染しているから飛行機には乗れません、という「通告」だ。チーム国枝の一行は、妻の愛を含め、全員が無事すんなり帰国。私が日本に帰れたのは閉幕から12日後になった。
日本国民が外国に出かけるには、まだそうしたリスクが残る2022年の夏だった。

名勝負の直後に漏らした本音

10月8日、私は日本の車いすテニス史に刻まれる好勝負を、東京・有明コロシアムで見届ける幸運に恵まれた。楽天ジャパンオープンの車いすの部決勝、国枝と16歳の小田凱人との対決だ。

この年の全仏で4大大会にデビューしたばかりで世界ランキング5位まで急成長した新星について、国枝は明言していた。

「すごく近い将来、世界のトップになるんじゃないかな」

注目の一戦、国枝は第1セットを6－3で先取し、第2セットは2－6で失った。最終セット。5－1とリードして迎えた第7ゲームで、国枝は4本のマッチポイントがありながら、取り切れない。あれよ、あれよという間に形勢は逆転し、5－6と追いつめられた。

そのときの会場の空気に、微妙なものを感じた。国枝が日本人選手に16年ぶりに敗れる歴史的瞬間の目撃者になれるかもしれない。一方、「生きる伝説」が22歳下の少年に世代交代の引導を渡されるドラマを、まだ拝みたくない。相反する思いが観衆の拍手やどよめきに入り交じった。

大相撲の1991年夏場所初日で35歳の大横綱・千代の富士が18歳の西前頭筆頭・貴花田（のちの横綱・貴乃花）との初対戦で寄り切られ、土俵を去る決意を固めた。日本のスポーツ史における新旧交代の象徴的なシーンと重ねたくなる38歳と16歳の車いすテニスの死闘は、約2時間半で決着を迎えた。

第12ゲーム、あと2ポイントで大金星を許す瀬戸際で、国枝は持ち前の勝負強さを見せつける。結局、7－6。タイブレークで優勝をもぎ取った。

国枝の試合後のオンコートインタビューは味わい深かった。

「凱人のプレーは大勢のお客さんを前に強烈に印象づけたと思いますし、『いつかやられる日は来るな』と僕自身、ずっと思っていまして、『この有明の舞台で今日がその日なのかな』という風に、試合中も何度もよぎりましたけど。『まだまだおじさんのパワーを見せる』『もう少しだけ勝たせてくれよ』という気持ちで、ファイナルセットも1ポイントずつやっていました」

大勢の観客の前で内容の濃いプレーができたことへの感謝が続いた。

「東京パラは無観客という状況の中で、たくさんの方々にテレビの前で応援していただいて、夢がかなった瞬間でした。ずっと満員のお客さんの前で金メダルを

2022年10月、楽天ジャパンオープンのシングルス決勝で、次代を担う小田凱人との激闘を制した。（写真：SportsPressJP/アフロ）

取ることが夢だと思っていて、本当に今日、もう一つの夢がかなった瞬間でした。最後まで応援してくださって、大変感謝しています」

この後が、ちょっとおかしくなった。

「たとえ、ここで引退したとしても、車いすテニス界は彼を中心に回っていくと思う」

ここで自身の引退宣言のように聞こえたことに気づいた国枝は、慌てて言い直した。

「言葉、間違えましたかね。引退っぽくなっちゃいましたけど、まだやろうと思っています。まだ何十戦も続けるかもしれないし、こういう名勝負が何度も生まれると思いますので、これからも車いすテニスに注目してください」

盛大な拍手が、16歳の挑戦をはねのけたレジェンドを包んだ。この勝負が、日本の新旧エースの最後の対決となった。

小田凱人が仰ぎ見る背中

小田は、大方の予想を上回るスピードで強くなっていった。

国枝が引退して不在だった2023年の全豪オープンで準優勝。6月、世界ランキング2位で臨んだ全仏オープンでは、同1位のアルフィー・ヒューエット（英国）を6－1、6－4で破り、17歳で4大大会初優勝を飾った。この種目の4大大会の最年少優勝記録（19歳）を更新するとともに、世界ランキングも1位となり、ヒューエットの最年少記録（20歳1カ月）を塗り替えた。

国枝が初めて世界1位になった2006年に生まれた小田が、レジェンドが引退した年に世界1位の座につく。できすぎのシナリオに思える新旧王者の継承が実現した。

17歳にして、小田にはトップアスリートの自覚が、メディアでの発言で感じられた。

「国枝さんがプロの車いすテニス選手としての扉を開き、築いてくれた土台があるからこそ、僕らが今、恵まれた環境でプレーができている。受け継いだものを僕らの世代で止めてはいけない覚悟はあります」

その小田が2024年3月、NHKの「サンデースポーツ」のインタビューで、こんなことを言った。

「僕の半分以上は国枝慎吾で形成されている。見よう見真似で、フォームも国枝さんの真似をして、車いすのこぎ方も、声の出し方も、しぐさも、国枝さんを見て、それを基準にしていた」

国枝は、小田に通算4戦全勝で、キャリアを終えた。そのことに、小田は感謝している。

2024年4月、思いを明かした。

「最近になって思うんです。2年前の秋、楽天ジャパンオープンで国枝さんに勝っていたら、絶対そこで一区切りできていた。こんなに早く、4大大会は勝てていなかった。絶対、こんなに頑張れていなかった。世界1位の国枝さんに勝ちたい、という思いだけでずっとやってきたわけですから。大げさじゃなく、枯れていたかもしれない。今思うと、危なかったです。僕にとって、国枝さんは永遠に追いかけ続ける存在。今、それがめっちゃ良かったと思っています」

写真：東川哲也（朝日新聞出版 写真映像部）

第7章

引退。そして、その先へ

新しい山への挑戦

澄み切った冬の青空だった。

2023年1月3日、ナショナルトレーニングセンターで行う午前11時からの練習に間に合わせるため、国枝は9時ぐらいに千葉県内の自宅を出た。ホンダの愛車に乗り、常磐道の流山インターを越えたぐらいで、山頂が雪に覆われた富士山が見えてきた。

ある思いがこみ上げてきた。

「登ったなあ、登り切ったなあ」

「今度は下りよう。次の新しい山に挑戦しよう」

日本一の霊峰を眺めながら、そんな心境に至った。自分の心にウソをついてまで、これ以上、真剣勝負のコートに立つのは無理だと。

年を越す前から、1月の全豪オープンに出るかどうか迷っていたが、航空券の予約はしていた。しかし、その手配を、長年、伴走してくれているIMGジャパンの北原大輔に頼んだとき、こう言い添えていた。

「払い戻しが可能な、料金が高めのチケットでいいです」

ひょっとしたら、行かないかもしれない。リスクヘッジの気持ちが働いたという。東京からシドニーまではスポンサーである全日空が用意してくれたが、シドニーから開催都市のメルボルンへ飛ぶチケットは自分で用意しなくてはいけなかった。

一方で、この日、自身のX（旧ツイッター）には、力強いフォアハンドのクロスを打ち込む動画をアップしている。

「打ち納めました。今年も応援有難うございました。皆様良いお年をお迎えください」

とコメントをつけて。

国枝が振り返る。

「そう、12月30日にチケットを取ったんですよ、妻とコーチの分も含めて。その日の練習で、毎年恒例のその年最後のショットを載せておくか、というので撮影して、『じゃあ、行こうぜ、年明けにオーストラリアに行くぞ!』という話をしました。でも、100%行く気があったかというと、モヤモヤはしていました」

苦戦した「現役最後」の試合

1月3日には結局、ナショナルトレーニングセンターで2時間ぐらい、練習はした。自宅に戻り、妻と夕食を取った後、家族会議を開いた。

その前年、2022年全豪オープンに行くか迷いもあったときは、「とりあえず、全豪に行ってから考えなよ」と乗り気にさせてくれた愛が、こんな風に言った。

「私も、もう行きたくないし、疲れたわ。もうこれ以上はないでしょう?」

夫婦で結論は出た。

国枝はそのときのやりとりを、こう振り返る。

「妻に『まだやめないで頑張ったら』と言われていたら、悩んだと思う。でも、『引退おめでとう』というスタンスだったので、自分の決断に自信が持てました。ありがたかったです」

２０１６年の右ひじ痛からのリオパラでの挫折、そして東京パラでの復活金メダルまで伴走した妻は、国枝の心の声をくみ取れる最大の理解者である。

東京パラで頂点に返り咲いたころから、引退を考え始めていた。翌年、ウィンブルドン選手権を初めて制し、その思いは強くなった。

心の持ちよう以外に、肉体面での理由もあった。２０２２年の全米オープン後に右ひじの靱帯《じんたい》を痛め、最後の大会となったオランダでの世界マスターズ選手権は途中棄権を余儀なくされた。仙腸関節障害からの腰痛で、最後の2年間は、コート上で車いすを満足にこげない日がときどきあったが、その頻度が増してきた。腰は自分が障害を負っている脊髄に近く、よりデリケートな箇所だ。これからの長い人生を考えた場合、潮時だという思いが強まった。

心身とも、完全燃焼できた。そう納得できた。

翌4日、もう決意は固まっていたが、前日、全豪オープンを控える眞田卓らと練習する約束をしていた。なので、ふだん通り、ナショナルトレーニングセンターに向かった。理由を見つけてキャンセルすることだってできるのに、この辺が律義な国枝らしい。

「眞田がそれで調子を崩しても嫌だから、と。そしたら結衣ちゃんがいたんですよね。結衣ちゃんにはさすがに言っておいたほうがいいな、と思って。LINEで伝えてもよかったんですけど、それもまた冷たいと思った。思い入れのある人には言っておこうかな、と」

東京パラの女子シングルス銀メダリスト、上地結衣は長年、4大大会で日本勢の男女のエースとして頑張ってきた同志だ。

結局、上地のほか、男子の日本代表クラスには告げることにした。国枝にあこがれて車いすテニスを始めた三木拓也らにも声をかけ、皆が集まったタイミングで決意を明かした。そのときの様子を国枝が振り返る。

「引退すると話したら、えーっ!となって。今から眞田と最後の試合をするからと言ったら、今度はまじですか⁉と盛り上がって。三木がオレ、審判やりますと審判台に乗って、という流れになったんです」

公式戦ではないけれど、「現役最後」の試合が始まった。これまで負けたことがない眞田に1－4と先行された。内心、穏やかではない。

「えっ？　オレ負けるの？　今まで練習試合でも1回も負けてなかったのにと思って、これ、負けられねえ、と。眞田もやたら気合入っていて、なんで今までそれをやってこなかったの？というくらいの良いプレーだったので。そこから、5ゲーム連取して6－4で勝ちましたけど」

次代を担う逸材、16歳の小田凱人には練習が終わって、家に帰ってから連絡した。全豪オープンでは男子ダブルスのパートナーになると約束していた。

オーストラリアに向かうため、中部国際空港にいた小田に電話をした。「今後は凱人が引っ張っていってくれ。頼んだぞ」。そう後を託した。

2021年の東京パラの後、前任の岩見亮に紹介されて、コーチになってもらっていた小野誠佳《まさよし》にも、この日の練習の前、感謝とともに引退することを伝えた。

元々、小野とは吉田記念テニス研修センター（TTC）で顔見知りではあったものの、一回り年下の彼と新たにタッグを組むことは想像していなかった。しかも、東京パラの後は、腰痛もあり、モチベーションの維持にも苦しむ自分がいた。2022年の全豪オープンに行かないかもしれないし、その後も、いつまで現役を続けるか、自分でもわからない。コーチを打診するとき、そんな事情を明かしたにもかかわらず、快諾してくれた。

「185センチと大柄で、若くてパワーもある彼と日ごろから打ち合うことで、本番の試合では打ち負ける気がしなかった。最後のシーズンとなった2022年、全豪、全仏、ウィンブルドンと4大大会で三つも優勝できたのは、マサのお陰です」

引き際の美学

引退を発表したのは1月22日だった。「現役の世界ランキング1位」でラケットを置く美学にこだわった。日付が変わって23日になると、国枝の世界ランキングが1位から落ちることが確定していた。

国際テニス連盟への引退届は1月13日に用意していた。2位のアルフィー・ヒューエット（英国）が年明けのオーストラリアでの大会で優勝すれば、彼が1位になるはずだったからだ。ところが、ヒューエットが準々決勝で負けたため、1週間延びることになった。

世界1位で引退する国枝のプランについて、北原は「最初聞いたときは、かっこつけてるなと思いましたけど、慎吾くんにはこだわりがあった」と振り返った。

■引退メッセージ全文

2023年1月22日付で引退することになりました。

夢が叶った東京パラリンピック後から引退についてはずっと考えており、昨年念願のウィンブルドンタイトルを獲得してからは、ツアーで戦うエネルギーが残り僅かである事を感じる日々でした。昨年10回目の年間王者になった事で、もう十分やりきったという感情が高まり、決意した次第です。

2006年に初めて世界一位になってから17年。最後まで世界一位のままでの

引退は、カッコつけすぎと言われるかもしれませんが、許してください（笑）

ツアーを回りはじめてから20年が経ちました。この20年の間に車いすテニスもグランドスラムで採用されるようになり、賞金も飛躍的に上がり、環境が変わっていく様を身をもって体感できました。国際テニス連盟が車いすテニスも管轄していることで、どのパラリンピック競技よりも、健常者と障がい者の垣根が低いスポーツだったと思います。まだまだ今後も更に発展していく事を願っています。

２００９年にプロ転向をしてから私の考えに共感して頂き、長い間支えてくださった所属であるユニクロ様、ホンダ様、ＢＮＹメロン様、ＯＸ様、ＩＲＣ様、ＡＮＡ様、麗澤大学様、ＹＯＮＥＸ様、ＮＥＣ様、森永製菓様、各スポンサーの皆様に心より感謝いたします。

そして、遠征中も自宅でも愛情持ってすべてをサポートしてくれる妻、いつでも相談に乗ってくれるマネージャー、今まで関わってくれたコーチやトレーナーの皆様、車いすテニスを始めるキッカケでもあるテニスクラブＴＴＣ、沢山の方々にサポートして頂きました。コート上では一人ですが、常に皆と一緒に戦えたチーム力の勝利でもありました。

また、長年ともに戦ってきたライバルであり、友人でもある選手たちにも感謝を伝えます。熱い戦いがあればこそ、ここまでやってくることができたと思います。

最後に、何より日頃から応援して頂いているファンの皆様、長い間本当に有難うございました。

2月7日に記者会見を予定しているので、私の気持ちを詳しくお伝えしたいと考えています。

最高の車いすテニス人生でした。今後も車いすテニスへのご声援を宜しくお願い致します！

国枝慎吾

私は一報を北原からのＬＩＮＥで知った。前の年の暮れに国枝にインタビューしたとき、腰に痛みがあると聞いていたから、ひょっとしたらとは思っていたが、年の暮れに練習動画をアップしていたし、現役の世界1位に、全豪オープンを前に「引退するんですか？」と聞くのは、さすがに失礼だと思って控えていた。

北原に連絡を取ると、国枝の世界1位で退くことのこだわりと、年明けまで全豪オープンに行くか迷っていたことが確認できた。

国枝のSNSに引退報告のメッセージがアップされた。「最後まで世界一位のままでの引退は、カッコつけすぎと言われるかもしれませんが」という部分が肝だと思った。私は新宿にいた。サッカーチーム「クリアソン新宿」の新体制発表の記者会見に出る予定だったが、用意していなかった引退原稿を書かないといけない。急遽《きゅうきょ》キャンセルし、新宿のカフェに入ってパソコンを開いた。

国枝にLINEをした。

「カッコつけすぎですけど、おつかれさまでした！」


返信が来た。

「ありがとうございます。やり切りました。格好良い記事お願いします（笑）」

「ケガではなく、気持ち、モチベーションが引退の理由、と書いて大丈夫ですか？」

自信を持って原稿を書くため、念のため、本人に確認しておきたかった。

「はい、ギリギリまでオーストラリア行くかどうかという感じでしたが、もう独り言の口癖が『十分やったよなあ』とボソッと言ってしまうことが多くて。色々数字もキリが良いし、このまま続けていくのも今までの自分を裏切るような気がしたので。当然身体《からだ》もガタきてます（笑）」

「最強伝説」に終止符

翌1月23日付の朝日新聞朝刊には、スポーツ面のトップに写真3枚つきで国枝の引退記事が載った。

タイトルは**「国枝『最強伝説』完結『世界一位のまま引退、カッコつけすぎかもしれませんが』」**。

> 車いすテニス界の「生きる伝説」、国枝慎吾（38）＝ユニクロ＝がキャリアに終止符を打った。10度の年間王者、4大大会優勝はシングルス、ダブルスあわせて50度。区切りにふさわしい偉大な数字。余力を残しつつ、欲しいタイトルをす

べて手にしての「完全燃焼」だ。

昨年の取材メモで、引退をにおわせる肉声が二つ、記憶に残っている。

7月、悲願だったウィンブルドン選手権のシングルスを制し、パラリンピックと4大大会をすべて制する「生涯ゴールデンスラム」の偉業を成し遂げた。「これで完結したな。いつでもやめられるなと同時に思ったのは事実ですね」。素直な吐露に聞こえた。

日本の車いすテニス界には16歳の小田凱人《ときと》（東海理化）という新星がいる。昨年の全仏オープンで4大大会デビューし、国枝が「本当にスーパータレント。すごく近い将来、トップになる」と太鼓判を押す。10月、楽天ジャパン・オープン決勝で世界5位まで台頭した小田と対決した。

2012年ロンドン・パラリンピックでの国枝の優勝を映像で見て車いすテニスを始めた22歳下の小田に、国枝は追いつめられた。あと2ポイントで負けが決まる逆境をはねのけて勝った。2時間半の死闘だった。優勝スピーチは味わい深かった。「僕がたとえ引退したとしても、彼がファンをひきつけてくれる。この先、何年も何年も、こうして車いすテニスのサポートをしていただければと思っています」

引退スピーチと誤解されそうと気づいたのか、慌てて訂正した。「もう少しやろうかな、と思っています」。盛大な拍手が国枝を包んだ。今にして思えば、後世まで語り継がれるこの激闘が、世界1位が胸を貸す形で後進に託す儀式だった。

国枝は9歳のときに背中に腫瘍《しゅよう》ができて手術を受け、車いす生活になった。母珠乃さんは自宅の敷地に「あれだけ外を駆け回っていた子がしょんぼりしているのを見るのはつらくて」とバスケットボールのリングを設置した。漫画「スラムダンク」のキャラクターの名前を叫びながら、友だちとバスケに明け暮れる日々が始まった。車いすテニス界で随一といわれるチェアワークの原点だ。

11歳のとき、車いすテニスと出会う。長く二人三脚を続けることになる丸山弘道コーチと海外ツアーを回り始め、世界一への階段を上がり始めた。

代名詞ともいえるのがバックハンドの「ダウン・ザ・ライン」。サイドライン沿いをトップスピンで射抜く。この順回転のショットこそ、国枝が車いすテニス界で先駆者として流行させたものだ。防御的で球速が遅い逆回転のスライスと違い、一発で仕留める決定力がある。習得した06年に国枝は世界ランキング1位に駆け上がった。

ライバルたちもバックのトップスピンに取り組み、車いすテニスの競技性が格段に高まった。「パラスポーツという枠組みを超えたい。エンタメとしてファンが見たいレベルまで高めたい」。国枝が望む理想の形に、車いすテニスは発展を遂げた。

全豪オープンの車いすテニス開幕直前での引退。国枝なりの美学がのぞく。全豪の前哨戦に出場せず、23日に更新される世界ランキングでは1位を明け渡すのが確実だ。引退発表のメッセージに、こう記している。「最後まで世界一位のままでの引退は、カッコつけすぎと言われるかもしれませんが、許してください（笑）」

国枝は自分のラケットに「オレは最強だ！」と書く。その呪文が世界のトップに君臨し続け、逆境を乗り越える支えだった。

言葉通り、「最強」のままコートを去る。

確かにかっこ良すぎる。

引退会見

引退の記者会見は2月7日と、少し日が空いた。

長年のスポンサーであるユニクロの柳井正社長とともに、国枝は登壇した。壇上には車いすテニスのウエア、メダル、トロフィーなども飾られている。

黒のスーツ姿の国枝の顔が、なんとも晴れやかだ。

会見は柳井社長の言葉から始まった。

「引退おめでとうございます。まず、泣かないように笑いでお願いします。少しだけ寂しくなるんですけど、プロのアスリートとしてやるべきことはすべてできましたね。しかもこの絶妙なタイミングで引退宣言。素晴らしいですよね。新しい国枝慎吾の誕生、という意味で今日はめでたい日であります」

「2009年4月、日本の車いすテニスとして初めてプロ転向を表明されたその直後、僕は『大丈夫かな、車いすテニスはプロのスポーツになるかな』と少し不安でした。でも立派なプロのスポーツになりました。彼は非の打ち所のないグローバルアンバサダー、世界一のグローバルアンバサダーだと思っています。素晴らしい人格と生活態度、あらゆるタイトルを取り、世界中の人々に温かい声援を受けています」

まるで褒め殺しのような賛辞の嵐だった。

柳井が強調したのは地頭の良さ。さらに勝利への飽くなきこだわり、がむしゃらさ、そして明るさだった。少子高齢化など閉塞感に覆われている日本社会にあって、若い世代が将来に希望を持つための「ロールモデル」として期待を託した。

隣で恐縮気味に聞いていた国枝が挨拶

2023年2月に行われた引退会見には、ユニクロの柳井正社長とともに臨んだ。
(写真：AP/アフロ)

する番になった。

「柳井社長から大変なお褒めの言葉をいただきまして、スピーチのハードルが上がってしまったなと」と切り出し、支えてくれたあらゆる人々への感謝を口にした。

質疑応答に移り、競技人生で一番の思い出を聞かれた。「一つに絞るのは難しいですが」と答えると想像していたら、違った。明快だった。

「東京パラリンピックの金メダルですね。パラリンピックはアテネ、北京、ロンドン、リオ、東京と出ていましたけど、それぞれが僕の中で転機になっていました。２００４年アテネのときは最初引退しようと思って臨み、金メダルを取ってテニス選手として活動を続けていくことを決めました。２００８年北京はプロ転向のきっかけに、２０１２年ロンドンはプロの選手としての証明を目標に掲げてやった。２０１６年リオは挫折を味わい、２０２１年の東京の金メダルで、僕の中でピリオドだったのかなと思います」

東京パラへの思いについて、さらに続けた。

「東京が決まった2013年からの8年越しの夢がかなった瞬間というのは、今でも鮮明に、写真を見ると震えるような感情になりますし、それくらい思いが積もった金メダルだと思いますので、東京パラは集大成になったと思います」

今後について聞かれた国枝は、こう答えた。

「まだ引退したばかりで、現役中も柳井社長に『終わったら何やるんだ、一緒にビジネスやろうぜ』とお声がけいただいていたんですが。現役の間に引退後のこと考えると答えが出ないというか、現実味がないというか。お風呂に入っているときに20分くらい考えてはみるんですが、本当に答えが出なかったですね。

引退発表から2週間経って、何となく自分の中では何をしていきたいかぼんやりと出てきたくらいなので。それを今言っちゃうと、やらなきゃいけない感じがしちゃうし、心の中で秘めておきたいですが……」

三つの戦い

そこから「三つの戦い」について語った。

「現役生活で何と戦ってきたのかと考えて、一つは相手と戦う、また自分とも戦う、もう一つ、車いすテニスを社会的に認めさせたいというか、スポーツとしていかに魅せるかというところにこだわってきたな、というのがあります。

車いすテニスの管轄は国際テニス連盟で、健常者と障がい者が垣根のないスポーツだな、と今でも思います。テニスをしている中で、みんなに知ってもらいたいという気持ちが強くあったので、そうした活動がこれからも続いていくかな、とぼんやりと思っています」

私が聞きたかったのは、国枝が感じる車いすテニスの進化についてだった。

「どのスポーツにも言えることかなと思いますが、年々レベルが上がっている。僕自身、今の自分の状態でプロに転向した2009年の自分と戦っても間違いなく勝てるというくらい、車いすテニスのレベルというのは年々上がってきていますし、今も成長中だと思います。

『オレは最強だ！』と言って、世界一を2006年から続けてきて何が難しかったというと、2位、3位のときは1位の背中を見て、1位の人に勝つために自分自身どうしていくかを組み立てていきましたが、1位になった瞬間、誰の背中も見えないというのは難しさとしてありました」

実際、2006年秋に世界1位になった直後、いわゆる「燃え尽き症候群」になりかけた時期もあった。

1週間の休養が明けてから、TTCで午前6時からの朝練習をしていても、気持ちが入らず、めずらしくコーチの丸山弘道に強い口調で諭されたこともあった。

「そこで、スポーツのレベルというものは上がっていくわけで、現状維持のままだと相対的に衰退していく状態になることに気づけました」

ライバルたちの成長を考えれば、安住してはいられなかった。

「1位にいても、自分の中で課題を見つけて、いかに成長していくかというのは難しさであり、面白さでもあった。2023年まで長いこと1位を続けられたのは現状に満足せずに、自分の中の課題を見つけ続けてきた、という難しさにチャレンジしてきたのが要因として挙げられるかなと思います」

内なる課題に取り組む面白さに気づけたことが、シングルス通算699勝106敗、勝率86・8％という圧倒的な勝率につながった。

再び、柳井社長に質問が飛んだ。「選手をやめた国枝さんと、ユニクロという会社は何をしたいのか？」

「世界が一番困っていることに対して力になりたい。ウクライナの問題も、難民の問題もある。いろいろな困っている人、とくに僕は子どもたちと若い人の力になれるようなことで、NPOとかNGOとかじゃなくて、事業として国枝くんと何かやりたいな。一緒にできたらうれしいなと思うんだけど、国枝くんどうですか」

さらに、ユニクロのスタッフに国枝から学んでほしいことを問われ、「産業」を確立した功績について触れた。

「挑戦でしょう。やっていないことをやる。車いすテニスという、新しいスポーツジャンルを確立した、産業を作ったことと一緒です。ファッション業界より、よっぽど難しい。国枝選手の力もあったが、いろんな人の理解でそれができたという事実。もっと挑戦して、実行して達成する、これが今年の我々の会社のモットーなんですけど、うちの社員にはそれを学んでほしい」

国枝の晴れやかな引退記者会見でありながら、柳井社長による国枝をビジネス界に誘う「公開リクルート」の印象が残った。

■ ■ ■ ■ ■

その3日後、引退記者会見で話したことの答え合わせというか、補足をしたいと思い、時間をもらった。

――記者会見で「自分との戦い、相手との戦い、社会との戦い」について語りました。この「三つの戦い」を意識したのはいつからですか？

「一番は2009年、プロ宣言をして、どうやって食べていくか、と考えたときですね。勝つのはもちろんですけど、プレーの質も当然、問われると思い始めました」

——東京パラでは、その願いがかないましたか？

「ようやくスポーツとして認められたという感覚は大きかったです。東京でもちろん金メダルを取りたかったですし、車いすテニスのレベルの高さを多くの人に感じてもらうことの意義は勝利よりも大きいとは言い切れないですけど、もしかしたら同じくらいありました。金メダルは僕じゃなくてもいい、と思っていました。とにかく、このスポーツを見てもらう最大の機会だと、コロナ禍が始まる前から思っていましたし、お客さんがたくさん入れば、それでもう伝わるはずだという気持ちはありました」

——車いすテニスの今後については？

「東京パラで、車いすテニスというスポーツの土台がようやくできあがった。ここから、どう発展させていくか。僕があと10歳若かったら、そこから頑張りますよ。ポテンシャルは感じているので。ただ、40歳手前になっちゃって、ここからやるというエネルギーは尽きていた。それが心残りの一つかもしれないです」

妻とのテニスを解禁

引退記者会見をした後、国枝のスケジュールには空白ができた。少なくとも、試合に向けて、トレーニングをする必要はなくなった。

これまでは年間365日、つかの間のオフでも、完全には緊張が解けなかった。朝6時に自宅玄関のチャイムを鳴らされ、抜き打ちのドーピング検査の担当官がやってくるかもしれない。常に誰かに監視されている感覚があった。トップアスリートの宿命である、そんな日々に別れを告げ、セカンドキャリアについてゆっくり考える時間ができた。

引退発表のすぐ後、今後について聞くと、のんきな返事が戻ってきた。

「暇になりますよ」

国枝のSNSをチェックしていると、引退後、車いすバスケットボールをはじめ、いろいろなスポーツに挑む動画が、連日のようにアップされ始めた。元々、車いす生活になってからテニスを始める前は、友人とのバスケが最大の楽しみだった。それ以外にフェンシングや陸上、バドミントンの動画もあった。

現役時代は、ほかのスポーツを楽しむことは封印していた。テニスにすべてを傾けていたし、万が一、けがをしたら大変だ。実際、世界的なプロサッカー選手が、休暇でスキーをして骨折、長期離脱といった事例もある。

それどころか、大学のテニスサークルで知り合い、結婚した妻の愛とテニスをすることすら、避けてきた。引退してから、2人のラリーは再開した。

国枝なりに理由があった。選手としてはいつも、相手が返球しづらいショットを打つことを考え続け、実践してきた。

強烈なトップスピンや、スライス、そしてベースラインギリギリに深く返球するショットなどだ。

でも、それをすると妻は打ち返せない。かといって、相手が返球しやすいボールを打つクセがついたら、それも困る。

適当に返せばいいじゃないか、と素人考えだと思いがちだが、そこまでストイックに追求していた。

愛も、夫のそうした性格は理解していた。

引退後に、気づいたこともある。現役中、国枝は日々、練習に行くのに着替えなどをバックパックに入れていた。それを必ず、車いすの背もたれの部分に引っかけていた。タイヤで擦れたり、地面に擦って汚れることもある。とくに赤土のコートが舞台の全仏オープンは汚れが落ちなくて苦労した。

「背負ったら?」

夫にすすめても、返答は「このほうが楽だから」。

ところが、引退後、ビジネスタイプのバックパックを購入したら、ふつうに背負うようになった。

心境の変化について聞くと、「肩や背中を痛めないように背負わないようにしていたんだ」。

テニスに支障が出るかもしれないリスクは、可能な限り、抑える。それは、たび重なるけがに悩まされてきた国枝なりの流儀だった。

模索の日々

引退後、「暇になる」という想定は、甘すぎた。

3月17日夕方、総理大臣官邸で行われた国民栄誉賞の表彰式には、妻の愛とともに出席した。恒例の記念品として国枝が選んだのは、ペアウォッチだった。

そうしたかしこまった式典のほかに、テレビ出演のオファーも殺到した。トーク番組では、コート上とは違った素顔をのぞかせた。

TBSテレビ系の「A－Studio＋」では、笑福亭鶴瓶と藤ヶ谷太輔に、妻への感謝の気持ちを明かした。

愛に「引退おつかれさま、じゃなく、引退おめでとう。第二の人生だから一緒に楽しもう」と言葉をかけられ、自分の決断に自信が持てた、と。

MCの笑福亭鶴瓶が最後の締めで言った。

「国枝慎吾の第二の青春がこれから始まりますんで、それが楽しみですね」

■
■
■
■
■

テレビ朝日系の「徹子の部屋」はプロに転向したとき以来、2度目の出演だった。

「最初と最後は徹子の部屋、という気持ちで、今日も来ました」

2004年アテネ大会から東京大会までのパラリンピックのメダルをスタジオに持参し、これまでのキャリアを振り返った。

きちんとアピールもした。健常者と車いすの垣根が低いテニスの利点を挙げ、「もっと民間のテニスクラブで、車いすのレッスンを採り入れることは可能なんじゃないかと思っている。この番組をきっかけに、広まっていくと、うれしいですね」。

ここでも、妻への感謝を語った。

勝てないときも、「もう十分頑張ってるから、それ以上頑張ることはない、と逃げ場を作ってくれた。家でももっと頑張りなさいよ、と追いつめられていたら、たぶん厳しかったですね」。

スマホがなかった大学生時代、付き合っていた愛が大学の図書館からメールを送り、海外遠征中の国枝とやりとりしていたエピソードも明かされた。

さらにこの年の大みそかには、NHK紅白歌合戦にもゲスト審査員として出場した。

■ ■ ■ ■ ■

メディアへの露出など、国枝のスケジュールはそれなり埋まっていたものの、空虚さは否めなかった。

人生は悔いなく過ごしたいし、チャレンジしたい。

つらいことや重圧におしつぶされそうになった現役時代が、逆に楽に感じられるようになった。

プロアスリートは自分が得意なことを極めることで、お金を稼ぎ、ファンから称賛もされる。アドレナリンが出る、充実の日々。

引退して、講演に呼ばれると、「目標を持つことの素晴らしさ」を話したりもするが、何を目標として見据えるかは、容易ではない。

国枝自身、引退して、「目標を持つことが目標」という模索の日々が始まった。

「人生一度きり」

２０２４年1月22日、国枝夫妻は羽田空港から米国に旅立った。

米南部フロリダ州のオーランドにある、全米テニス協会の施設で、車いすテニス担当のアドバイザーとして、主に米国の車いすの選手を指導することになった。

テニス大国の米国だが、車いすテニスの強豪国ではない。オーストラリア、フランス、英国と、ほかの4大大会の開催国には自国を代表するスターがいるのに比べると、寂しい。

エンターテインメントの「市場」が大きい米国に車いすテニスのスターが生まれたら、大会の協賛企業が増える可能性が大きい。より、グローバルに車いすテニスの世界が広がる。小田凱人や上地結衣のライバルになることで、切磋琢磨によるレベルアップにもつながる。そんな青写真を、国枝は思い描く。

3月のマイアミオープンでは、健常者と同じ会場で初めて、エキシビションとして車いす部門が開かれ、そのトーナメントディレクターを務めた。自ら、盛り上げのために参戦し、世界ランキング1位のアルフィー・ヒューエット（英国）との決勝を6－7、6－3、6－3で破り、優勝してしまった。

■　■　■　■　■

指導をしながら、近くの大学の語学コースに通い、コンプレックスがあった英語に磨きをかけるのも目的だ。

20年以上ツアーを転戦していて、途中であきらめたことの一つが英語のスキルアップだった。10代のころは積極的に話しかけ、英会話がペラペラになりたいという意欲があった。20代半ばになり、遠征していても、意思疎通には困らなくなった。

そのころから、大会中はなるべく人との会話を控えるようになった。話すという作業は脳を使う。そこにエネルギーを奪われることで、疲れてしまう自分に気づいたからだ。日本語でも疲れるのだから、母国語ではない英語だと、さらに消耗する。そうした理由から、現役中の語学力アップは、優先順位から消えていった。

引退して、40歳になった。人生80年と考えれば、まだ折り返しだ。

「さあ、何をやろう」と思ったときに、真っ先に浮かんだのが、英語だった。流暢《りゅうちょう》にコミュニケーションが取れれば、ビジネス面でも選択肢の幅が広がるに違いない。
そんな気持ちで、最長2年間のビザを取得して、米国へ渡った。

遠征でのホテル暮らしと違い、運転免許の取得から始まり、生活面の苦労は多い。それもまた、チャレンジだ。現役時代から感じていたことだが、米国はバリアフリーの法整備が進んでいるためか、車いすで移動するのに不便を感じることが、まずない。レストランに段差がないし、トイレも車いすで入れるタイプが必ずある。自力で、どこにでも行くことができる自由を感じる。

4月に岸田文雄首相が渡米した際には、ホワイトハウスでの公式夕食会に招かれた。アマゾン・ドット・コム創業者のジェフ・ベゾスと同じテーブルに座り、世界的に人気沸騰中のピックルボールの話題で盛り上がった。ピックルボールは、穴の開いたプラスチック製のボールを板状のパドル（ラケット）で打ち合う、テニスやバドミントンに似た競技だ。年代を問わず楽しめるスポーツとして、欧米を中心に人気が広がっている。

5月には米ニューヨーク・マンハッタンで開かれた日本文化を発信する「ジャパンパレ

ード」に参加した。ユニクロの柳井社長から誘われたビジネスへの挑戦は、まだ模索中だが、異国の地で暮らすことで、視野が広がってきた実感はある。

「人生一度きり」

国枝が信条とする、この言葉に従うなら、たった一度、この世に生まれたチャンスは、完全燃焼しなければ申し訳ない。そんな境地か。

引退して一番つまらない日と問われ、迷わず「何もしない日」と答える人だ。

昔から大好きな言葉は、「挑戦」。

国枝慎吾に、余生は似合わない。

おわりに　僕は時代の風に乗れた ―― 国枝慎吾

元々、ありのままの自分をさらけ出すのが好きなタイプの人間ではない。今まで、自伝の出版について熱心にアプローチをいただいたときも、断り続けてきた。9歳のときにがんになり、車いす生活になった。そうしたいきさつを美化し、障害を乗り越えて生きる「感動の物語」に仕立てられることには、抵抗があった。そうした切り口が透けるテレビなどの企画からは、なるべく距離を置くようにしてきた。車いすテニスがメジャー競技ではない自覚はありつつも、純粋にスポーツ選手としてのパフォーマンスで注目されるようになりたい。そんな自分の夢、理想に反すると思えたからだ。

自国開催となった東京パラリンピックの金メダルは、僕にとって集大成となった。

昨年1月に引退を発表し、国民栄誉賞もいただいた。多くの方々から祝福される機会があった。晴れやかな場やテレビ出演のオファーをいただいた。これまでの努力が認められたことが誇らしい一方で、自分だけがスポットライトを浴びることに、わだかまりもあった。

僕が世界をツアーで回り始めた20年ほど前は、会社の有給休暇を消化して大会に参加するのが当たり前の時代だった。しばらくして、車いすの部が健常者と同じ4大大会で開かれるようになった。これが大きな転換点となった。4年に1度のパラリンピックだけでなく、年間4回のひのき舞台での活躍がメディアで報道されるようになり始めた。衛星放送、WOWOWで試合が中継されるようになり、露出は格段に増えた。

圧倒的に勝ち続けることでスポーツとしての魅力に気づいてもらう。それが自分に課せられた使命だと誓い、コートで球を追い、打ち返し続けてきた。大会の賞金額は徐々に増えていった。4大大会でも最初に優勝したときは円換算でたしか60万円程度だったのが、今では1000万円を超えるようになった。スポンサーの支援も受け、プロ選手として生活できるようになった。僕のほかにもプロの車いすテニスプレーヤーが後に続くようになった。

僕らは、幸運にも時代の風に乗ることができた。

「たられば」になるけれど、もっと前に車いすテニスのメジャー化が進んでいれば、本書にも登場する大森康克さんや星義輝さん、齋田悟司さんらも、きっとプロ転向という選択肢を考えたと思う。そうした情熱を胸に秘めた人たちばかりだ。

僕が小学校6年で車いすテニスを始めたとき、自宅の近くにプレーする環境があった。大会があり、日本ランキングも存在していた。それには日本車いすテニス協会を設立し、車いすテニスの普及に力を注いだ方々の努力がある。スポットライトが当たらない中、先人たちが地道に開拓し、踏み固めた道を、僕は歩くことができた。改めて感謝しかない。

今回、本書を出すと決意したのは、そうした軌跡を書き残しておくべきだと考えたからだ。長年、4大大会やパラリンピックを取材してもらった稲垣康介さんにならら、脚色をされない等身大の自分を描いてもらえると思った。

人との出会い、環境に恵まれ、グローバルに活躍するチャンスをつかめて、今の僕がいる。

この本は、僕だけの物語ではない。支えてくださった多くの皆さん、車いすテニスの普及、発展に汗をかいてくださった先輩方の足跡を活字に残すことで、ささやかな恩返しになれば。そんな思いを込めている。

著者略歴

国枝 慎吾（くにえだ・しんご）

1984年東京都生まれ。9歳で脊髄腫瘍のため車いす生活となり、11歳で車いすテニスと出会う。2004年、初出場したアテネパラリンピックで齋田悟司と組んだ男子ダブルスで金メダル。2006年、アジア人初の世界ランキング1位に。翌2007年には、車いすテニス史上初となる年間グランドスラムを達成した。2008年、北京パラリンピックの男子シングルスで金メダル。2009年4月、車いすテニス選手として日本人初のプロ宣言。2012年ロンドンパラリンピックでシングルス2連覇を果たした。2021年の東京パラリンピックで2大会ぶり3度目のシングルス金メダルを獲得。2022年にはウィンブルドン選手権を悲願の初制覇し、4大大会すべてで優勝する「生涯グランドスラム」を車いす男子で初めて達成し、同時に4大大会とパラリンピックを制覇する「生涯ゴールデンスラム」も成し遂げた。

4大大会のシングルスでは全豪オープン優勝11回、全仏オープン優勝8回、ウィンブルドン優勝1回、全米オープン優勝8回。2023年1月に世界ランキング1位のまま引退。2024年1月より、全米テニス協会の車いすテニス担当のアドバイザーに就任。

稲垣 康介（いながき・こうすけ）

1968年東京都生まれ。1992年、朝日新聞社に入社、東京、大阪のスポーツ部、欧州総局（ロンドン）、アテネ駐在などを経て、現在、スポーツ担当の編集委員。五輪取材歴が長く、夏冬あわせて10大会を現地でカバーしてきた。テニスの4大大会やサッカー・ワールドカップなどスポーツの国際大会の取材経験が豊富。国枝慎吾選手は2004年アテネパラリンピックで取材したのを縁に長年取材し、2021年の東京パラリンピックの金メダル、2022年のウィンブルドン選手権優勝も現地で取材した。著書に『ダウン・ザ・ライン　錦織圭』（朝日新聞出版）。

国枝慎吾《くにえだしんご》　マイ・ワースト・ゲーム
一度《いちど》きりの人生《じんせい》を輝《かがや》かせるヒント

２０２４年７月30日　第１刷発行

著　者　国枝慎吾・稲垣康介
発行者　宇都宮健太朗
発行所　朝日新聞出版
〒１０４-８０１１　東京都中央区築地５-３-２
電　話　０３-５５４１-８８１４（編集）
　　　　０３-５５４０-７７９３（販売）
印刷所　大日本印刷株式会社

ISBN978-4-02-332367-4
定価はカバーに表示してあります。